组织诊断

六个盒子的理论与实践

[美] 马文·韦斯伯德　著
(Marvin R. Weisbord)
胡智丰　张小雨　译

ORGANIZATIONAL DIAGNOSIS

A Workbook of Theory and Practice

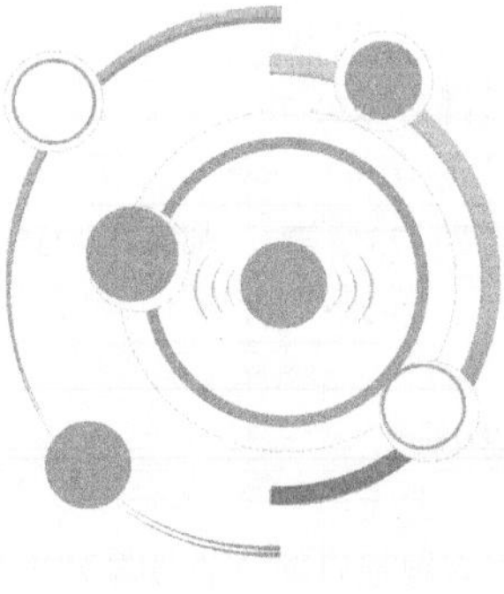

電子工業出版社
Publishing House of Electronics Industry
北京 · BEIJING

版权贸易合同登记号　图字：01-2017-8752

图书在版编目（CIP）数据

组织诊断：六个盒子的理论与实践 /（美）马文•韦斯伯德（Marvin R. Weisbord）著；胡智丰，张小雨译．—北京：电子工业出版社，2020.6
书名原文：Organizational Diagnosis: A Workbook of Theory and Practice
ISBN 978-7-121-39019-7

Ⅰ．①组…　Ⅱ．①马…　②胡…　③张…　Ⅲ．①企业诊断　Ⅳ．① F272.13

中国版本图书馆 CIP 数据核字 (2020) 第 081455 号

责任编辑：晋　晶
印　　刷：涿州市般润文化传播有限公司
装　　订：涿州市般润文化传播有限公司
出版发行：电子工业出版社
　　　　　北京市海淀区万寿路173信箱　　邮编100036
开　　本：720×1000　1/16　　印张：15.75　　字数：252千字
版　　次：2020年6月第1版
印　　次：2023年4月第13次印刷
定　　价：65.00元

凡所购买电子工业出版社图书有缺损问题，请向购买书店调换。若书店售缺，请与本社发行部联系，联系及邮购电话：（010）88254888，88258888。
质量投诉请发邮件至zlts@phei.com.cn，盗版侵权举报请发邮件至dbqq@phei.com.cn。
本书咨询联系方式：（010）88254199，sjb@phei.com.cn。

译者序

2016年，我在阿里巴巴从事组织发展工作，因为黄建东老师的介绍，我第一次接触到六个盒子，就萌生了要把这本将近50年前的著作引进国内的想法。感谢电子工业出版社和晋晶老师，对我保持信任、宽容和鼓励。用了三年时间，我们终于有机会让六个盒子在中国帮助到更多人。

组织诊断是组织发展中的关键环节，相关的工具和方法有很多。有的工具很宏观，试图去解公司所有的问题。有的很复杂，有几十项要素，制约了人们去理解和使用。六个盒子可能是被使用得最广泛的一个，原因大概包括：

1. 既全又简

从目的、结构、关系、帮助机制、激励、领导方式六个维度来扫描组织，基本上涵盖了组织生活的各个主要方面，非常简洁。同时每个盒子通过若干个核心问题来陈述要义，有助于人们把握核心进行理解和运用。组织是复杂的，韦斯伯德认为这六个维度是很好的指示标记，顺着这六个维度，可以做更深入的探索，来发现可以提升组织效能的路径。

2. 人事合一

在20世纪六七十年代，正是组织发展的黄金时期。组织发展先驱们在实践中完成了基础理论建构。阿吉里斯、麦格雷戈、沙因、沃伦·本尼斯等人的著作，奠定了组织发展的基础框架。组织发展与NTL（美国国家训练实验室）关系密切，而NTL从1947年成立到1975年第一次破产重组，期间最广为传播的产品是T-group，注重人际训练。那时候的组织发展实践，也较多地从人际层面进行干预，产生了“参与式管理”“团队建设”“反馈”等工具。

组织发展彼时被诟病最多的也是过于关注人，批评者认为组织发展对商业关注太少了。

韦斯伯德在另一本著作（*Productive Workplaces*）里总结了组织发展先驱们的工作，在自己的模型里完成了超越。在六个盒子里，关系、激励和领导方式更关注组织中的“人”，而目的、结构、帮助机制更关注组织中的“事”。其中，目的被置于首要地位。

3. 内外兼顾

本书的内容不是从六个盒子的每个盒子开始介绍的，而是从环境因素开始的。韦斯伯德采用了从20世纪70年代初开始发展起来的系统视角，把组织视为更大的系统的一部分，注重组织与外部环境的交互。所以，我们在使用六个盒子的时候，也要注意先从扫描环境开始，这个环境包括社会、经济、行业、技术、监管。

在组织内部，韦斯伯德更深入地把“非正式组织”作为一个重要因素前置做了介绍，这也给了大家一个启示。在你查看每个盒子的时候，都要关注到“是什么”和“实际上是什么”之间的不同，既要关注组织的显性系统，也要关注隐性系统。例如，在看“激励”这个盒子的时候，你可能会注意到组织的正式激励机制看起来一切正常。但是从“非正式组织”的视角来看，激励可能就被严重忽略了。有一次，我支持一个40人的团队用六个盒子进行自我诊断，40人里包括这个团队的负责人和他的直接下属，以及间接下属。进行到“激励”的时候，大家讨论了当前现状，仿佛一切正常。当我让每个人回答“我上一次被主管认可是什么时候”这个问题时，大家的答案，最远的是三年前，最近的是一个月前。回答之后，全场陷入了安静。所有管理者有了一个强烈的觉察：相比于组织的正式激励机制，原来日常的认可也如此重要。

六个盒子至今也仍然是组织发展领域的常用工具，但毕竟这是将近50年前的框架了，有其产生的环境，在国内的社会环境和公司环境里，我们在运用六个盒子的时候也要有更大的灵活性。其中在两个盒子上我们需要关注得更多一些。

1. 目的

六个盒子里的目的是指广义的目标，包括公司的使命、中短期目标等。在实践中，我发现，如果把“目的”替换成“客户价值”，通常可以引发团队的深入思考。使命可能离得太远，目的显得把人过于工具化，但一个组织在为什么客户创造什么价值，这个价值是否被客户认可，是否有证据表明客户认可，通常可以帮助团队把视角从内引到外，关注到存在的意义。

2. 领导方式

在大部分提到六个盒子的书中，第六个盒子“Leadership”通常被翻译为领导力，我认为领导力这个词过于泛滥了，人们很难理解它到底代表什么。所以本书采用领导方式的翻译。

需要注意的是，管理者代表了权威，而权威在东亚文化里有特殊的意义。我们在做组织诊断和组织干预的时候，要特别关注管理团队。管理团队本身也是一个组织，你可以使用六个盒子对管理团队进行诊断。通常，管理团队的有效性和团队的有效性是成正比的。

本书的翻译工作由胡智丰和张小雨完成，其中第1部分由胡智丰完成，张小雨翻译了第2部分。

感谢黄建东老师，从某种意义上，六个盒子在国内等同于黄建东老师。我至今还记得黄建东老师在向我介绍六个盒子的时候的表情和语言。

感谢阿里巴巴，让我走进了组织发展这个领域。

感谢方礼兵、徐红光、张小雨、李艳娜，我们一起在组织发展领域的实践丰富了我的人生。

感谢在美团合作过的团队、HRBP和业务Leader，我们一起让组织发展有了更丰富多彩的内涵，也让我看到了组织发展的无限可能。

胡智丰

2020年5月

前言

学组织诊断就像学钢琴一样。学钢琴的时候，你只有记住每个单音的名称和键位，才能熟能生巧成为演奏大师。同样地，知识储备和实践经验越多，提升组织诊断能力也就越简单。

本书第1部分主要围绕六盒模型（也称六个盒子）展开，能帮助你快速掌握与“组织”有关的词汇和理念，尤其能让你知道做什么能帮助组织有更好的表现。很多人把这些理念用在团队、工厂、政府机构、大学、医疗中心和中小企业等不同的组织中，取得了非常好的效果。

六盒模型中的词汇几分钟就能学会，运用书中的理念也不需要耗费太多时间，这取决于你是自己一个人学还是和其他人一起在工作坊中学习。不管你从事管理工作、行政工作，还是咨询工作，这些理念都非常适用。

六盒模型的应用场景非常广泛，在团队发展、管理培训、组织行为养成、自我诊断、数据调查反馈中，六盒模型都可以作为一个认知框架，也可以作为工具帮助个人层面的管理计划、项目和日常问题处理。

本书的初心是授人以渔，让你自己学会整合组织中的重要元素。

每个步骤你都可以从容地、慢慢地完成。过程中你可能会被要求去大致厘清模糊的问题，做出可能看起来武断和过分简化的判断。这是为了帮助你理解和运用，希望你不要有任何“做错”的担忧。

一旦试用了这些概念，你就会发现用你自己的方式，简单又自然地运用。在学习阶段，你不需要逼着自己对概念进行明确的区分。除了学习，你还能有以下四个收获：

1. 识别你选取的组织有哪些优势和不足。
2. 如果你希望用系统的方式就去改善某些事情（介入），那么可以帮助你确定合适的选择。
3. 对偏见和未经检验的假设更有觉察。
4. 开发更系统性的方法管理组织工作。

本书第1部分有两个主要组成部分：

1. **文本**——概念的书面描述。
2. **工作表**——简要的纸笔练习。针对每个知识点都有快速应用的练习，帮助你学以致用。

希望本书可以帮助你独立进行组织诊断，建议你每隔几天学习3~4章。如果一口气读完本书，你可能觉得非常无聊，而且收效甚微。如果你和其他人一起练习，效果会更好。你可以在管理培训、举行团队工作坊的时候用到本书，也可以用更多的时间与其他人一起探讨本书的内容，来帮助你理解和消化。

另外，为了帮助你完整而深入地掌握组织诊断技能，第1部分还提供了20个步骤帮助你建立完整的组织诊断框架。建议你先选定一个打算进行诊断的组织，然后一步步走下去，就能绘制出一幅诊断性画像。这个画像会呈现这个组织非正式和正式的重要特征，让你清晰地看到组织是如何解决问题的，又是如何阻碍问题解决的。

本书第2部分由一系列重要的延伸学习资源组成，这些资源可以帮助你更加深入地理解书中的概念。除非有特别的指引，我强烈建议在翻阅这些阅读资源前，请先完成本书第1部分的练习。

致谢

有太多人需要感谢。他们在很多事情上，对我有深远的影响，而将他们全部列出来几乎不可能，我只能在引用相关资源的时候提及。但无论如何，我特别感谢以下这些朋友和同事。

如果没有Paul R. Lawrence多年的帮助和支持，本书是不会诞生的。我们在一起的工作经历，比任何著作都更能帮助我学会如何提升组织效能。

Peter Vaill和Neale Clapp的创造性理念和对我个人假设的挑战，持续激励着我。Marguerite Schaefer和Leonard Goodstein促进了书中观点的发展。Martin P. Charns提供了持续的帮助。

在NTL学院（位于缅因州的伯特利）的专业发展学习社群项目的组织诊断模块中，本书的很多内容不断迭代，其中绝大多数都已经经过实践的检验。这正是对我的工作坊伙伴Allan Drexler的承诺和才华的最好证明。感谢Allan Drexler！

马文·韦斯伯德

目 录

第1部分　组织诊断

第2部分 组织诊断的阅读材料

第1部分　组织诊断

引言

在我看来，很多有效的理论、技巧、方法和工具让组织诊断成为一门严密的科学。面对这么多的不确定因素，人们常常会像在酒吧里喝醉的水手，对着空白的墙壁射飞镖。

酒保问："你在瞄准哪里啊？"

水手说："很简单，射中哪里就瞄准了哪里。"

假如空白的墙壁就是组织诊断，那么如何把研究聚焦在少数几个领域，而且保证所选的领域是正确的呢？尽管这个问题没有唯一正确的答案，但本书提供了一些工具来减少不确定性。这些工具可以促使你把个人经验做概念化思考，选择特定的领域，探寻对你有价值的意义，为达成目标自由行动。这也意味着你可以测试希望应用的任何概念的优点和局限性。

也许你是在某门课程或某个研讨会上使用本书。你参加研讨会是为了学习技术，但如果你不知道要做什么，就无法练习。为了避免对技巧的追求也变得像射飞镖一样盲目，有两个问题值得深思。

1．为什么你想学习组织诊断？

2．在无限的可能性中，你应该从哪些维度着手？

当然，第一个问题只有你自己能回答。本书为第二个问题给出答案，它提供一些有用的维度，并且把这些维度组合起来形成框架。本书的假设是你找到的就是你在寻找的，当你将改善组织当成目标时，某些维度比其他维度更值得关注。因此产生了"六盒模型"：目的、结构、关系、激励、帮助机制和领导方式。我发现这些维度涵盖了最重要的主题，让我可以准确地关注到重要问题，也足以让我决定是否要对看到的问题采取行动。

热身活动1

请基于你的经验，简要回答下列问题（可以在日后任何时间修改或补充）：

A. 为什么你对组织诊断有兴趣?

1. 此时此刻：

2. 总体而言：

B. 现在你用什么理论框架来了解组织？有偏爱的理论吗？还有其他即使你不太了解但是感兴趣的理论吗？

行动研究[1]

行动研究是指系统性地界定问题和解决问题的形式。通常，问题界定者和解决者（情境中的主要行动者）是同一个人。这意味着个体在寻求修正和改善的过程中，可以从自己所处的情境中学习。

诊断只是行动研究过程的一个步骤，而不是整个过程。此外，诊断也不等同于数据收集。“数据”通常是零碎的信息，诊断通常建立在数据的基础上。数据是线索，而不是假设。诊断是要对“数据意味着什么”形成结论。只有存在明确的差距（例如“我们想要做得更好”），诊断才能发生。因此，数据是汇聚的事实，而诊断是事实代表的含义、重要性、优先级以及与事实之间的关联。

尽管行动研究的过程可以用清晰的流程写出来，但在实践中，行动研究常常是混乱的、不完整的、反复的（不断重复的），还常常有很多遗留问题。下面这张图可以帮助大家更好地理解行动研究的过程。

行动研究的过程

1. **收集数据**（事实、观点等）
2. **诊断**（通过数据确定“是什么”和“应该是什么”之间的差距）
3. **行动**（规划并采取你认为可以改善状况的措施）
4. **评估**（再次诊断，现在差距是什么）

←—— 时间线 ——→

日·周·月·年

1 该概念是由已故社会心理学家库尔特·勒温提出，他说，“没有什么比一个好的理论更实用”，并用“行动研究”证明了这一点。

热身活动2 10分钟的行动研究：简短的展示

只用10分钟的时间，把你在此时此刻的发现和结论写下来。

A．数据收集。目前，有哪些信息与你现在所处的情境相关？只观察，不评估。这个组织的性质是什么？你受到什么影响？你的想法是什么？你的感受是什么？身体感觉怎么样？你看见了什么？你听到了什么？你与其他人的关系是什么样的？（3分钟）

数据：

B．诊断。这些数据意味着什么？你想要的样子与现实之间是否存在差距？（2分钟）

你的诊断：

C．行动。现在你打算如何行动来干预自己或其他人来改善目前的状况？如果时间和情况允许的话，就写下如何行动。（3分钟）

D．评估：刚才短短的几分钟在多大程度上帮助你了解了“数据”、“诊断”和“干预”之间的差异？什么样的线索与数据让你这样觉得？（2分钟）

见本书第2部分第1章。

行话（Jargon）

本书整合了管理学、组织学和社会心理学的一些概念。我想先说明一点，书中有些概念是使用“行话”来表达的。

我已经多次尝试用替代性词语来陈述专业性概念，但得出的结论是：从头到尾都使用大白话来解释概念非常困难，甚至不可能。虽然我自认为本书比其他教科书在这一点上做得更好，但距离完全不使用行话或术语还有一段距离。在我看来，随意消除一些术语相当于在管理组织的时候忽略了一些重要概念，所以我尽量用大白话来表述，必要时再使用术语。

以下是本书使用的一些术语。

诊断（Diagnosis）

诊断是观察组织的一种方法，主要用来确定组织“是什么”和“应该是什么”之间的差距。这个差距，也就是人们认为的现实状态与理想状态的偏离。遗憾的是，“诊断”这个从医学领域借用的词，让很多人觉得有医学意义，即指出疾病的症状。事实上，组织不像身体有脉搏、温度、血压和呼吸这些重要信号一样来精准地显示状态。

我认为组织里的人就像探索者，尝试去学习如何能做得更好，他们不是等待医生治疗的病人。最终，组织中的人必须自己确定问题在哪里，确定怎样解决问题。此外，不是每个人都会对某个诊断结果进行分担或采取行动，要看他的“责任感”。

责任感（Ownership）

谁会思考组织存在问题呢？是企业主、管理者、员工、客户、客户，还是顾问？你是哪种角色？你有多大的影响力、权力、公信力和承诺度来采取行动？责任感会促使那些期望有所行动的人热情地与他人交谈。责任感很难通过发个文件或通知就能建立。

尽管有些人发现了组织的问题，但他们发现，除非通过共享自己的愿景来影响其他人，否则不论用什么“干预”都很难改变这些问题。

干预（Intervention）

干预是经过深思熟虑后改变现状的尝试。干预可以是简单地在会议上发表评论。例如，“这个情况我们已经讨论了好几小时，但没有任何结论。”干预也可以是长达一整年的目标管理或内容丰富的综合方案。每个干预背后都隐藏着诊断。无论是否有意，干预者都已经识别到了“是什么”和“应该是什么”之间的差距，他们已经决定去突破组织的“边界”。

边界（Boundaries）

通常认为，虽然不好界定，但组织都存在边界。边界可以按照薪资表上的员工或其他相关因素界定，也可以根据不同的诊断目的，在员工与员工、员工与股东、员工与客户、员工与监管机构之间或上述组合中界定。

如果不在一开始就明确你希望面对多少“环境”，你就做不了有用的诊断。

环境（Environment）

边界一旦界定，环境就是指边界之外的所有因素。如果用薪资表上的员工来划分边界，环境就是客户、供应商、竞争对手、管理机构以及母公司或总部（对于大型机构或企业而言）等因素的组合。本书讨论的“任务环境”是指为了有效地提供产品和服务，组织内的人员需要应对的所有外部环境。

任务环境也是组织“开放系统”的一部分。

开放系统（Open system）

开放系统意味着组织的行为会受到约束，会受到环境的影响。事实上，组织从环境中获得资金、信息和原材料（“输入”），经过加工和转化，向环境输出产品、服务和新的信息（“输出”）。做什么、怎么做、过去成功的做法是否适用于现在，都取决于理解内部与外部环境（反馈）的能力。这种与外部环境保持适当回应的系统是开放系统；相反，无视或轻视这种关系的系统就是封闭系统。

热身活动3 “行话”练习

A. 我们已经完成了两个热身练习，你可以发现哪些词是“行话”吗？有没有让你觉得难以理解或模糊的概念？如果有，请列出。

词语	定义

B. 在和小组讨论这些行话的时候，需要确定自己是否已经理解了“行话”的意思，是否还需要进一步的解释和讨论。不要忽略任何有疑问的地方，也不要把它们仅仅视为语义上的问题。这有利于正确使用“行话”和找到合适的大白话。

见本书第2部分第2章。

寻找什么[1]

组织理论虽然很多，但是大多数要么太过浅显难以理解，要么太过抽象起不到指引的作用。所以我开始努力换一个思路。数年来，我都在试图描绘组织的“认知地图”。认知地图上的标签能够帮助我更好地描述所见所闻，并且理解不同数据之间的关系。

结合在数据、理论和研究方面的努力，我总结了一个人人可用的工具，命名为六盒模型。该模型（见图1）能够帮助我快速从人际问题、团队问题扩展诊断框架到更复杂的组织管理问题中。

图1的六盒模型提供了六个提示性标签，这些标签可以帮助我们把在组织中发现的正式或非正式的信息进行归类。结合已经掌握的诊断理论，你可以从看似毫无联系的事情中得到新的洞察。

你可以把六盒模型当作雷达显示屏。每个盒子都代表一个重要标示，当某个或多个盒子出现光点时，表明存在过程问题。空管员用雷达管理飞机，既要关注高度、速度，也要关注飞机之间的距离，帮助飞机避开恶劣天气。同理，六盒模型中的任何一个盒子出现光点的时候，我们不能只看这个盒子而忽略它和其他盒子之间的关系。当选择改善策略的时候，六盒模型可以当作起点。

1　引自 Marvin R. Weisbord，“Organizational Diagnosis: Six Places to Look For Trouble with or without a Theory，” *Group & Organization Studies* 1，4 (December 1076): 430-447。

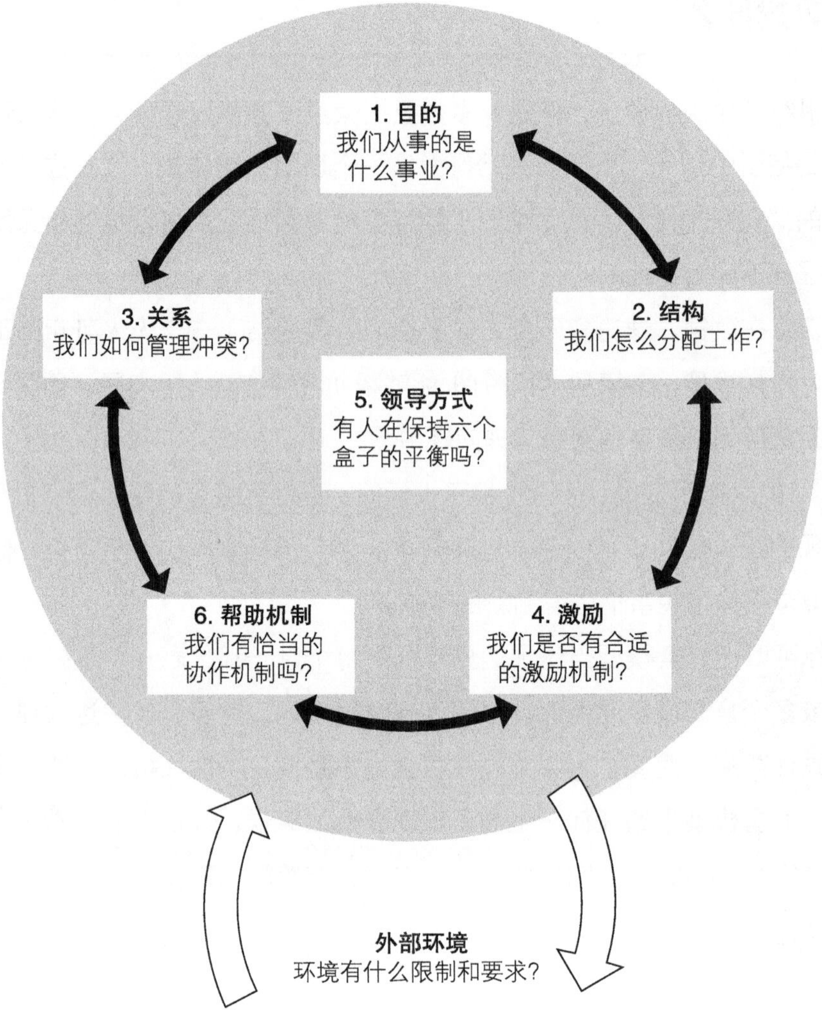
1. 目的
我们从事的是
什么事业？
2. 结构
我们怎么分配工作？
3. 关系
我们如何管理冲突？
4. 激励
我们是否有合适
的激励机制？
5. 领导方式
有人在保持六个
盒子的平衡吗？
6. 帮助机制
我们有恰当的
协作机制吗？
外部环境
环境有什么限制和要求？

图1　六盒模型

确定边界

图1的圆圈可以帮助我确定要诊断的组织边界。外部环境很难从内部控制。边界在哪里、边界应该在哪里通常不是很清晰，但是我们仍然需要回应客户、政府、家庭、学生、朋友，这些都是外部环境。虽然组织是一个开放系统，但是不代表没有边界，出于现实考量，组织需要做出有限的选择。

为了让组织诊断可以进行，我主观设置了边界。选择一个目标（如XYZ公司、ABC部门、QRS团队），根据财务、合同和正式的成员资格，列出组织里的人和团队。

第1步　确定边界

A．选择一个组织进行诊断。选择的标准是：（1）你在该组织中有具体的角色；（2）该组织的规模可以为10~1000人；（3）该组织的运作不符合预期。

组织的名称：________________________________

B．以任何你觉得说得通的方式定义组织的边界。在下面的空白处，画一张图或列出重要的单元、个人或职能。要清楚谁在边界内、谁在边界外，组织包含多少个层次。

见本书第2部分第3章。

输入/输出系统

在边界中，盒子在“输入/输出系统”中进行相互作用。输入/输出系统的功能是把资源（人、想法、原材料、资金）转化为产品或服务。图2从输入/输出的角度表示了六盒模型的组织/环境。这个概念也可以称为“开放系统”或“社会技术系统”（Trist，1969）。

“转化过程”是一个术语，用于描述人与技术系统之间的相互作用。现在，这个转化过程是否有效取决于每个盒子以及盒子之间的相互作用，你就可以据此对组织进行诊断。

上面所说的“有效”是什么意思呢？我有一个乐观的假设：人与组织之间的“适应”是可以改善的。组织应该生产更好的产品和提供更好的服务，同时帮助人们提高能力和增加自尊。但是，问题没有这么简单。如果组织不清楚应该做什么，就无法“做得更好”。因此，组织与环境之间的“适应”在任何诊断中都很重要（Lawrence 和Lorsch，1967）。

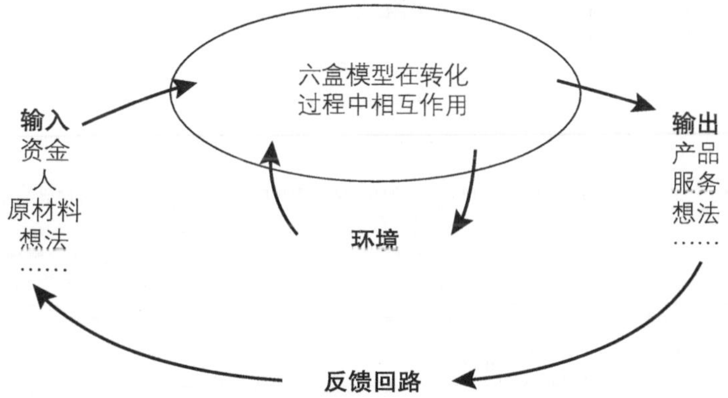

图2　输入/输出系统中的六盒模型

第2步 输入/输出概览

A. 列出三个重要的环境需求，这些环境需求会影响到组织的战略性任务（组织存在的主要目的）：

1. ______________________

2. ______________________

3. ______________________

B. 想象下面的圆圈代表你所在的组织。你的重要输入、输出和反馈来源是什么？在下面的空格中列出。

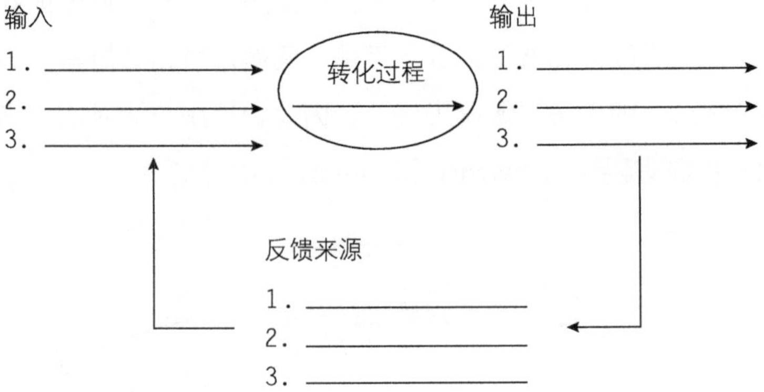

C. 你会在“转化过程”中写上什么？你做了什么让你的组织与众不同？

见本书第2部分第3章。

正式和非正式系统

任何组织都不会与环境的所有部分进行相互作用。有些事情是不可预测的，导致管理者能做的就是被动反应。但是，在大多数情况下，六盒模型中每个盒子指示出的组织状况都可以得到改进。改进的关键之一是发现你可以在哪些因素上采取哪些措施，虽然这并不容易。你可以很快看到，每个盒子都有两种潜在的麻烦来源：一种是正式系统——纸面上存在的；另一种是非正式系统——人们实际上在做的。这两种系统没有哪种更优先，因为二者在任何情况下都同时存在。然而，在做组织诊断的时候，会有助于识别每种系统中的“光点”，以及看到可能的关系。

诊断正式系统需要一些有根据的猜测。有根据是说该组织在其声明、报告、表格、图片和演讲中有相关组织方式的说明。猜测的部分是将组织的官方辞令与环境进行比较，并判断这些东西是否“适应”外部环境。换句话说，社会是否认为组织宣称的目的有价值，组织是否采用各种方法去满足社会的需要。

组织变革的一个层次是使组织的官方辞令（设计的系统）与外部环境更好地融为一体，这也是很多“专家”[1]咨询的目标。

在每个组织中，行为都有另一种层次，即人们实际上是怎么做的。对非正式系统的诊断，会关注人们做某些特定事情的频率，从中发现模式，并且去看这些行为对组织绩效的影响。非正式行为通常决定了看起来优秀的系统会成功还是失败。非正式行为可以告诉你，设计好的系统必须满足从事具体工作的人们的需求（Clapp，1974）。（见本书第2部分第5章）

有时，非正式系统不会在正式系统没有改变的情况下产生改变，因此我们需要研究正式系统和非正式系统之间的关系。坚持这样的探寻是要去发现输入—转化—输出这个过程的运转不符合预期的原因。

---

1 作者采用了阿吉里斯提出的过程咨询的观点。阿吉里斯区分了专家咨询和过程咨询的差别。专家咨询会给出建议和方法，而过程咨询帮助客户找到问题，由客户来制订行动计划。

第3步　从哪里开始

诊断可以从考虑一个主要产出来开始。追溯其与整个系统的关系来了解这个组织“是什么样”和“应该是什么样”之间的差距。这里可以借用Peter Vaill（1974）的观点。选取一个产出，使用“输出一致性矩阵”（见图3）。问：“对于这个产出，生产者的满意度如何？消费者的满意度如何？”

如果答案是都不满意（单元格D），则该组织已经面临严重问题。如果一方满意，另一方不满意（单元格B或C），也会产生问题。无论哪种情况，都可以通过六盒模型探寻不满意之处，寻找可能的干预点。

		生产者满意 +	生产者满意 −
消费者满意	+	A	B
消费者满意	−	C	D

图3　输出一致性矩阵

A．你想要追踪的主要产出是：

B．用几个词来描述当前生产者和消费者的满意情况。矩阵中的哪个单元格可以代表你的组织？A____B____C____D____（选择一个）

C．在下列范围内圈出你的判断：

生产者

个满意 | 1　2　3　4　5 | 非常满意

| 1　2　3　4　5 |

消费者

接下来做什么

你已经确定了一个产出，来理解组织运转得如何。也许消费者或生产者都不满意。

假设组织的存在有其合理的基础，也就是说，它能够生存是因为它可以应对环境的压力和约束，它做了一些独特且对社会有价值的事情。它成功地做了预算、雇用或解雇员工、促销和交付产品和服务，并且正在与对它的工作感兴趣的外部团队进行某种形式的相互作用。

下面列出的是支持和限制组织的主要来源，它们共同构成了来自外部的重要压力。组织努力减少每个接触点的不确定性。在我们称为“开放系统规划”的技术中，这些接触点被称为“域”，是“外部其他事物”的缩写（Thompson，1967）。

1. 客户（分销商或使用者）；
2. 供应商（材料、资金、设备、场地）；
3. 竞争对手（包括市场和资源）；
4. 监管团体（政府、工会、行业协会、认证结构）；
5. 上级组织（总部、大学等）。

思考六盒模型的另一种方法是，每个盒子都在不断地进行调整，以应对不断变化和不确定性的“域”。因此，在诊断过程中，它有助于发现如果组织与某一个或多个“域”相处不佳，是否对组织内部的关系、结构、激励、领导方式等产生压力。相反地，对内部问题的处理不力会使组织与一个或多个重要的“域”关系紧张。

第4步　扫描“其他事物”

A. 在组织的每个“域”，举一个例子。

真实例子

客户________________________________

供应商______________________________

竞争对手____________________________

监管团体____________________________

上级组织____________________________

B. 对于每个例子，圈出你对以上每个域与组织之间相互作用的满意度。

与……交易	非常不满意			非常满意
客户	1	2	3	4	5
供应商	1	2	3	4	5
竞争对手	1	2	3	4	5
监管团体	1	2	3	4	5
上级组织	1	2	3	4	5

C. 对于每个你评定为1或2的项目，简要列出存在的问题：

D. 你正在跟踪的产出以什么方式受到影响？

E. 你是否受到了影响？是____否____可能____

见本书第2部分第4章。

目的

我们开始用放大镜来观察雷达屏幕，轮流检视六个盒子，目的是发现正式及非正式系统中影响生产者和消费者满意度的重要细节。

目的（第一部分）

如果组织的目的不清晰，人们对工作就会有五味杂陈的心理感受（主要是焦虑），而且很难用理性排解。因此，在目的这个盒子里有两个因素至关重要：目的清晰性和目的一致性（Steers 和Porter，1974）。组织在这两个因素上表现得越好，人们的焦虑也就越少。

目的通常伴随着“使命”、“目标”或“愿景”这些词汇一起出现。这些词汇的含义非常丰富，我尝试用更加中立的方式处理它们。“核心使命”或“核心转化过程”（开放系统规划的语言）与我想表达的“目的”非常吻合。

组织的目的源自对两个问题的心理权衡，即“我们想要做什么”（我们的价值观、信念、心理满足、能力等）和“我们必须做什么”（环境的要求、生存的需要等）。无论人们是否意识到和探讨这个心理权衡，它都会发生，并且会产生一系列优先事项，正是这些优先事项决定了组织的日常运营。如果没有有意识地权衡，那么可以通过人们把时间、精力、金钱投入在哪儿来进行推断，而不是听他们说什么是重要的。人们的投入很可能是“我们想做什么”被“我们必须做什么”调节的结果。

在敏捷性较高的组织中，随着问题的解决和新问题的出现，组织的日常运营通常会持续变化。但并不意味着组织的目的会迅速或经常变化。

确定目的是组织应对不确定性的一种有价值的方式。恰当的目的陈述确定了组织在当下做什么和不做什么。目的强化了一个组织的独特性——让组织具备不同于竞争对手和其他组织的特点。

个人与组织的合同代表个人接受了组织的核心目的。如果组织的目的不清晰，就会产生较大冲突。无论如何，目的（非正式）通常可以通过检视最重要的程序（或项目、产品线）来推断。程序帮助组织将目的付诸行动。理论上，组织的程序反映了其对优先级的判断。如果没有这些程序，组织就会陷入困境。

含混或太宽泛的目的会使组织与供应商、客户之间的关系变得紧张。Peter Druker（1974）说，如果目的不明确，组织的活动就不聚焦、不专注，组织就不能有效运转。一个组织运转良好，是因为该组织比其他组织更能实现特定的功能，并且有足够的客户认可这一点。因此，诊断需要检查以下问题：

1．目的匹配度。对组织环境来说，目的是否恰当？是否有足够多的客户支持组织生存？

2．目的清晰性。目的是否清晰表述？是否有所为和有所不为？

3．目的一致性。人们的非正式行为在多大程度上与组织的目的保持一致？

第5步 诊断目的（第一部分）

正式系统

A．有什么文件明确定义了组织的目的？（如果有的话）

B．从这些文件或其他信息来看，正式的核心目的应该是什么？

C．根据你了解的外部环境需求，以上A与B中的目的与组织的正式环境的一致性如何？匹配度如何？

优秀______良好______中等______不佳______

非正式系统

D．在多大程度上，组织中大多数人与你理解组织目的的方式相同？

最高 1 2 3 4 5 最低

E．组织中的人观察到的目的与组织所述的目的之间有多大区别？

区别很大 1 2 3 4 5 没有区别

F．记录一些背离组织正式目的、目的不明确和缺乏一致性的行为事例。

目的（第二部分）

每个组织迟早都要调整自己的目的。流行总会过去，技术持续演变，惯例变得过时，旧市场消亡，新市场出现，人们获得新的认知，改变他们对所作所为的思考。例如，一家汽车租赁公司发现利润更多是通过销售二手车而非租车而来，于是它将自己的业务重新规划，从“租车”转变为“通过租车让新车成为二手车，然后销售二手车”。这一想法从根本上改变了业务的重点和管理方式。以下是一些其他例子：

公司	旧使命	新使命
食品服务	提供饭菜	有效处理垃圾
设备重建商	休闲产品（如保龄球）	让每个周末都精彩
女子文科学院	通用文科教育	帮助女性拥有新的职业机会
健康诊所	照顾病人	帮助人们自我照护

在诊断一个组织时，要去看它如何概念化自己的业务。考虑有没有其他方式帮助组织能够：

1．提高与环境的匹配度？

2．澄清自己的目的？

3．获得更高的目的一致性？

第6步 诊断目的（第二部分）

当一个组织的目的与环境不匹配或者清晰度、承诺度较低时，往往会说“我们没有目的”或“我们是所有人的一切”。但是，每个组织都服务于某个特定的目的，即使目的不清晰。

A．思考组织是如何管理的。进行头脑风暴，在下面的空白处，为“这个组织运转的方式好像是以……为目的”这句话想出尽可能多的答案。

B．你对答案是否感到惊讶？现在，请思考如何重新定义组织的目的。什么样的目的表述可以帮助你：

1．更好地“匹配”环境？

2．更清晰？

3．更高的承诺？（你自己或其他人）

见本书第2部分第6章。

结构

有三种方式可以用来构建组织结构（Gulick和Urwick，1937）：

1．按职能——同一领域的专家一起工作；

2．按产品、项目——多元技能团队一起工作；

3．二者混合。

没有一种结构可以一劳永逸，每种结构都有自己的不足。

职能型组织

我们来看一下职能型组织（见图4）。

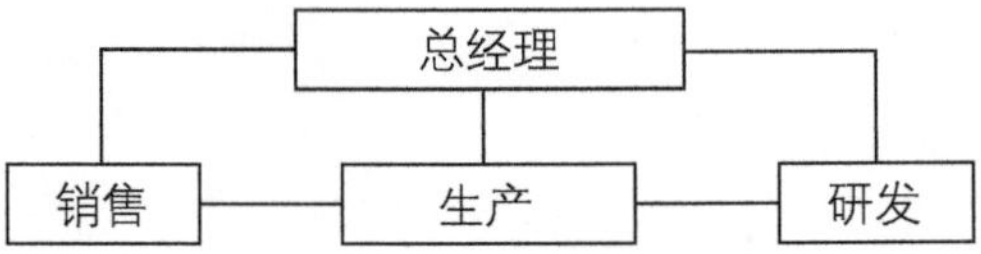

图4　职能型组织

1．工作分工、预算、晋升奖励都基于专业能力；

2．老板的影响力最大；

3．职能型组织倾向于部门利益最大化，而不是整个组织。

弊端

（1）团队间的冲突更加不可预测；

（2）需要最高层做出重大决策；

（3）只有少数人有全局视野；

（4）快速转变方向非常有挑战。

优势

（1）有专业能力支撑——在每个职能里，大家说的是同一种语言；

（2）有机会把专业工作做到极致；

（3）人们是稳定和安全的，因为变化缓慢，不需要快速响应。

要点

职能型组织很难适应快速变化，职能导向通常也意味着官僚主义。

第7步　诊断结构（正式系统）

A．在下面画一张组织结构图，需要涵盖最重要的业务单元或职能。你的组织可能不是职能型结构的，而是按照产品线（计划、项目团队等）划分结构的，或者是混合结构的。

B．上面的组织结构图：

（1）主要是职能型组织；

（2）主要按产品线（或计划、项目团队）划分结构；

（3）是混合结构；

（4）不确定是哪种。

产品型组织

现在看看按产品线（或计划、项目团队）划分的组织结构（见图5）。这种组织形式比较适用于快速变化的环境。每个人从事多个任务，他们围绕单个产品或解决某一类问题综合运用自己的能力。

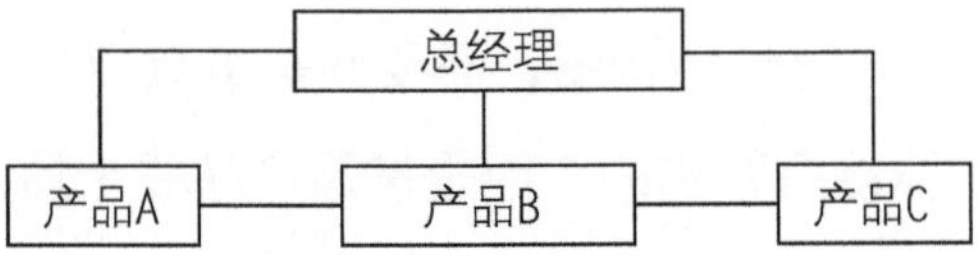

图5　产品型组织

1．最小限度地与其他团队协同；

2．奖励、晋升会给到那些能整合资源快速交付、创新变革的人；

3．团队管理者的影响力最大。

弊端

（1）由于专家不能样样精通，因此每个专业能力的深度会产生衰减；

（2）难以吸引到专家；

（3）现有领域内的创新会受限；

（4）团队会在公共资源上进行竞争，如设备、采购等。

优势

（1）能对技术和环境变化做出快速反应；

（2）团队之间的直接冲突会减少；

（3）更容易让团队成员看到组织的整体目标；

（4）团队成员拥有学习广泛技能和承担更多职责的机会。

要点

当组织权力下放的时候，组织通常会从职能型结构转向产品型结构，这样会在短期内提升非正式系统的有效性，以满足正式系统的需求。

第7步（续）

C．在下面的维度评估变化程度：

整体的环境	√快速	中等	缓慢
你所在领域的技术			
子单元（列举出来）的变化程度： A B C			

（注：不同组织可能经历不同程度的变化，因此需要具备不同的结构特点。）

D．你如何评价所在组织的结构与环境的“匹配度”？

非常匹配 1 2 3 4 5 不匹配

E．如果你处在一个混合型组织中，你能确定业务单元的结构特征吗？

职能型业务单元	产品型（项目型、计划型）业务单元

F．最近几年组织是否进行过结构调整？如果是，组织是如何调整的？

G．结构调整应该解决什么问题？

H．是否解决了？是____否____可能____不知道____

矩阵型组织

有些组织会希望同时拥有职能型组织和产品型组织的好处，此时就需要一个矩阵或混合型组织。例如，在航空航天工业领域，每个项目既要求多元化的先进技术（专业深度），也要求协同努力（横向协同）。在一个矩阵型组织（见图6）中，单个个体可能出现在图中的多个地方。

没有组织可以按照图6所示，自上而下地进行合理安排。企业、大学或者医疗中心这样的组织，一部分业务单元是职能型的，另一部分业务单元是产品型的。有些人戴了两顶帽子，有些人只戴了一顶，这取决于每个业务单元面临的不同环境。

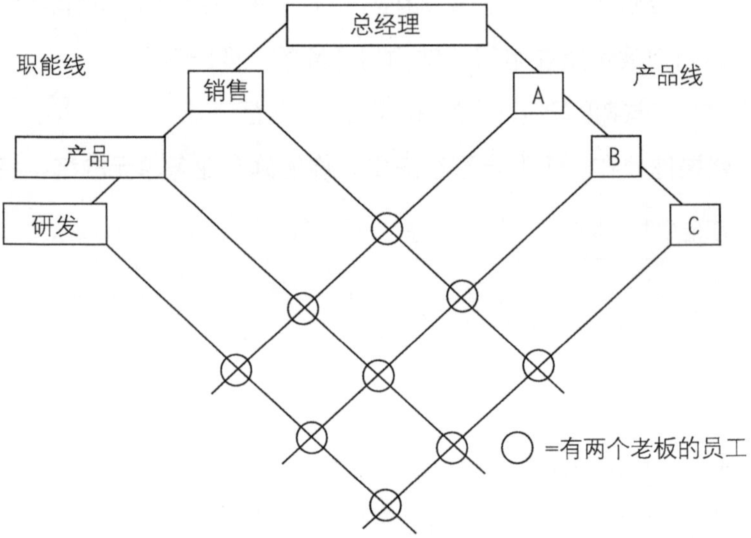

图6　矩阵型组织

混合结构带来了最大的灵活性。它可以根据需求进行缩小或扩大，提供多样化的职业发展通道，让专家和通才都能得到回报。但是也存在被称为“人性局限”的严重弊端，冲突管理是耗时的。对一个采用混合结构的组织来说，需要两条预算线来汇报给两个老板，存在两套奖励体系……这样的机制代价不菲。此外，混合结构也不太好理解，我们当中大多数人没有在这种复杂关系中工作的经验，也很少接受这方面的训练。

在混合结构中，人们必须创建新的流程和规范。这是有难度的，只有关系到重大利益时，对流程和规范的挑战才会显得正当（如拯救生命或登上月球）。对混合结构形成的超级复杂的关系来说，非重大利益不会引发人们关注。

第8步　诊断结构（非正式系统）

I．结构理应解决人员分工的问题。是否有重要的组织任务被遗漏了？换句话说，有些任务没有人去做？

很多_____　有一些_____　没有_____　请举一个例子_______________

原因是什么？

J. 在多大程度上，正式职责体系之外的事有人担责？

没有　1　2　3　4　5　很多

这会产生哪些影响？

K．回到你在第2步列出的环境需求清单。针对每项内容，指出需要在哪里进行管理对环境需求的响应：

环境需求	位置/人员管理	响应的充分性

L．你是否能找到结构与消费者/生产者的满意度之间的联系？是___否_

如果找到的话，你是怎么做的？

伪矩阵

一些管理者假设，临时委员会、任务小组或项目团队，以及相应的职能，构成了一个“矩阵”。当这些群体无法解决交给他们的问题时，管理者就会得出这样的结论：矩阵是一种幻象，是“不切实际的”。在批评矩阵架构之前，请检查以下几点。如果存在以下情况，就不是真正意义上的矩阵：

1．临时委员会或项目组没有自己的预算。

2．该群体没有清晰的目标与组织的大目标相关联。

3．没有正式的机制用来将矩阵型组织的输出输入到组织的其他部分。

4．“矩阵”团队的工作成果被计入组织的其他部门。临时委员会、任务小组或项目团队的职权要小于职能经理。

5．员工没有从自己所在的职能团队中得到额外的时间，用于执行项目型任务。

6．成功的任务小组或临时委员会的工作也不会考虑加薪、奖金或岗位晋升。

因此，在诊断人们认为的“矩阵”时，需要观察是否存在上述情况。以上任何一种情况都会严重影响矩阵结构的有效性。

第9步　诊断结构（伪矩阵）

A．你的组织是否使用“矩阵”这个词？ 是____否____不清楚____

B．如果使用的话，你的组织使用的是哪种矩阵结构？

C．选取一个你所在的矩阵组织（你也可以采用这种方式来观察任务小组或临时委员会，如果它们的表现不尽如人意的话）。

名称：________________________________

1．它有自己的预算吗？有____　无____

2．它的目标与整个组织的目标是否一致？是____否____

3．它的成果输出是否以有效的方式成为组织其他部分的输入？
是____否____

4．领导者在其他人面前是否具备足够的权威？是____否____

5．人们是否能在常规的工作时间内完成这项任务？是____否____

6．人们是否会识别出多个领导？是____否____

7．任务小组、临时委员会或项目工作是否会把升职考虑进去？
是____否____
奖金？是____否____　　加薪？是____否____

D．你的组织要成为一个真正的矩阵型组织还有多少距离？它还缺少些什么？

E．你觉得矩阵结构的重要性如何？当前组织的工作/环境需要矩阵吗？

见本书第2部分第7、8章。

关系

“光点”主要体现在三个部分：（1）人与人之间（同伴之间或领导与下属之间）；（2）执行不同任务的单元之间；（3）人们与他们的技术系统之间（如系统、设备、方法）。在正式系统中，应该根据完成工作所需的相互依赖程度来诊断这样的关系。可能存在两种问题：

1．人们需要共同工作，但表现不佳；

2．人们并不需要共同工作，但是被强制合作（以“良好的人际关系”或“理应这么做”的名义）。

第二层关系的诊断与内部冲突程度相关。例如，一些部门（如销售及生产部门）会频繁冲突。这样的冲突是合理的。因为每个部门都会从不同角度看待事情，以便更好地工作。这种冲突也可能有用，所以应该对其进行管理而非抑制（Lawrence和Lorsch，1967）。

要点

部门（或人员）之间的品质对于组织绩效来说尤为重要。他们必须共同努力拿到结果。因此，关系从以下层面来说是“好的”：

1．推进组织的目标；

2．提升（或至少未损耗）所涉及人员的自尊心。

第10步 诊断关系

A．将你的诊断限定在一组关系中，如三个部门每个部门做一项不同的任务，或者一个工作小组三个人，或者两个小组共同处理一个特定任务。请列举你想要诊断关系的部门、职能、人员/技术：

1.______________ 2.________________ 3.________________

B．所需的相互依赖性。要想满足他们的客户需求/环境需求，他们需达到什么样的合作程度？针对每组对象，请在与你看到的现状描述最相符的短语旁边打（√）。

1和2	1和3	2和3	
			依赖程度高：依赖对方而生存。
			依赖程度中等：各有所需。
			依赖程度低：没有对方也没什么影响。

C．关系的品质。如你看到的，他们（非正式系统）彼此之间相处得如何？

1和2	1和3	2和3	
			非常好：很明显的通力协作。
			良好：经常合作，能相互理解。
			平均：相处一般，有一些摩擦。
			不佳：彼此经常误解，信任度较低。
			很不好：存在严重的问题。

D．对于一组有高度或中度相互依赖的对象来说，你如何判断有没有冲突？结构差异______ 人际能力不足______ 两者都有______ 协调人员/机制缺失______

评论：

E．冲突对绩效的破坏程度如何？

破坏很大 1 2 3 4 5 没有破坏

评价：

见本书第2部分第9、10章。

冲突管理

冲突是正常且不可避免的。如何管理冲突通常会影响绩效的高低。这关系到对非正式系统的诊断。

有人会为了自己的目标做出很多努力，也有人会为了达到自己的目标无所不用其极，从而伤害整个组织。这里有一个简单的冲突管理分类系统（Lawrence，Weisbord和Charns，1973）。

1．强制型：更多有权力的人当道。

2．圆滑型：人们要么假装和谐，要么将他们的重要性降到最低。

3．回避型：认为公开提出不同的意见是不忠诚的表现。

4．交易型：人们讨价还价、藏着自己的底牌，争取自己最大的利益。

5．面质型：人们把所有的问题及数据拿出来公开探讨，努力创造能够提出不同意见、检查不同意见以及促进问题解决的机制。

要点

当相互依赖度较高、关系品质却较低时，需要注意冲突管理的方式。在这种情况下，冲突是不合适的，人们需要尝试新的风格。

有时，需要运用新的、正式的机制来改变非正式模式。例如每月一次的问题解决讨论会，可以在会议中设定提出并探索不同的想法的基本原则。

第10步（续）

考虑冲突管理模式

F．使用左侧的描述信息，比较三个单元之间的冲突管理规范行为。针对冲突管理模式从1到3进行排序，尽量实事求是地进行判断，而不是按照你希望的那样进行判断。

	1和2	1和3	2和3
强制型			
圆滑型			
回避型			
交易型			
面质型			

1=“最常用”；2=“比较常用”；5=“最少用”

G．看看单元之间使用的主要模式（上面打了1和2的）。你如何判断这种模式的合适度？

单元之间	很合适				根本不合适
1和2	1	2	3	4	5
2和3	1	2	3	4	5
1和3	1	2	3	4	5

H．在以上你的评分为4或5的任意一组关系中，考虑一下为什么你认为这种冲突管理模式是不合适的?

I．是什么或谁维持现状?

J．一些冲突是内生且必需的。如果你认为没有很好地管理冲突，那么主要问题在哪里？行为欠佳_______ 缺乏机制_______ 两者都有_______

冲突可以更好地进行管理吗

以下是最糟糕的状况：

1．相互依赖性高；

2．可能是最差的关系；

3．避免不同意见。

这些情况可能的原因是什么?

Lawrence和Lorsch列举了一些很容易观察到的常见原因：

1．没有人负责管理冲突。没有“总协调负责人”或没有人负责要求这些部门解决它们之间的冲突。

2．总协调负责人缺乏解决冲突所需的有效知识或技能。

3．没有可以用来协调的机制（机制是指一种正式的流程，如每月举行解决问题的讨论会，在会议中鼓励提出不同意见）。

一个有趣的发现是，优秀的协调人员身上往往具备一些特点：

1．人们可以更容易接受他们在所处环境中表现出的能力及知识，而不是他们的正式权威。

2．他们在不同的合作部门之间的取向较为平衡，不会持续倾向于任意一方（如销售或生产，教育或研究）。

3．他们的奖励基于系统总的绩效而非他们个人的工作。

4．他们具备解决部门之间冲突的技能。

第10步（续）

考虑如何管理冲突

K．在两个业务单元、人员、程序或部门之间确定一个尚未解决的冲突。

冲突名称：

业务单元：

1．谁负有解决冲突的责任？没有人____

姓名____

2. 谁具备必需的知识/技能来管理这样的情形？没有人____

姓名____

3．如果你已经在1和2中提到了不同的人，那么他们在解决冲突过程中能互相帮助吗？

一点也不______　某种程度上_______

他们做了什么？

4．目前有哪些可以用来管理两个部门之间冲突的机制或流程？

5．非正式系统是否支持部门之间的通力合作？

6．总结你所了解的内容。在你诊断的情形下，冲突管理是否会出现：

（a）没有人去做；（b）缺乏技能/知识；（c）缺乏机制；（d）所有；（e）其他

（你的答案为是否需要人际训练、结构调整，还是两者都需要提供了线索。）

激励

拥有激励体系（正式），并不能保证人们展现出自己已经得到奖励的感受和行为（非正式）。马斯洛用“需求层次”（1954）解释了这个问题，某个层次的需求一旦被满足，就变得必不可少了。赫茨伯格（1959）表示，满足基本需求（“保健因素”）在道德层面上是必需的，但是对创造性地执行组织任务的激励是不足的。

下表展示了马斯洛需求层次理论与赫茨伯格双因素理论之间的联系（Maddox，1963）。

马斯洛需求层次	赫茨伯格双因素	
自我实现 尊重	激励因素	工作本身 成就 进步 认可
归属 安全 生理	保健因素	人际关系 与领导之间的关系 技术监管 工作环境 政策 薪资

这张表强调了，如果有机会获得成长、承担责任以及获取成就感，人们与组织之间的“适配度”就会上升。如果人们重视工作本身，也不把它作为成长机会，福利和薪水就可能不足以激励他们。

第11步　诊断激励

A．针对马斯洛需求层次理论，评估在激励方面现有的正式系统和非正式系统，有哪些可以满足不同层次的需求？

需求	正式系统	非正式系统
自我实现		
尊重		
归属		
安全		
生理		

B．同样地，尝试用“激励因素”和“保健因素”来评估一下。

<table>
<tr><th colspan="2"></th><th>正式系统</th><th>非正式系统</th></tr>
<tr><td rowspan="2">激励因素</td><td>工作本身
责任
成就</td><td></td><td></td></tr>
<tr><td>进步
认可</td><td></td><td></td></tr>
<tr><td rowspan="2">保健因素</td><td>人际关系
与领导之间的关系
技术监督</td><td></td><td></td></tr>
<tr><td>工作环境
政策
薪资</td><td></td><td></td></tr>
</table>

C．你的激励体系的要点是什么：

优势	劣势

技巧在于将激励理论转变为组织的实践。尽管有很多研究表明，一旦某个需求被满足了，就不再有激励作用，但仍然有很多人认为薪资和附加福利可以“激励”员工。因此，只有工作是被组织认可的、有价值的，薪资和福利对绩效才有激发作用。

关于激励，还有一个很重要的因素是公平。重要的是，人们是否感受到了激励，而不是实际上有没有受到激励。例如，Herbert Meyer（1975）提出了令人信服的观点，即“绩效”奖金可能会降低员工的自尊心，减少人们的奉献精神。因为大多数人都认为自己为组织做出的贡献比上级领导的评价更高，尤其是与他人比较时。

进一步来说，尤其是在工业系统中，奖金是基于个人的生产力而定的，在非正式规范中，同伴认可比经济效益更重要。这可能导致人们降低自己实际可能的产出水平，与平均水平保持一致（Whyte和Miller，1957）。

在知识型工作中，情况更为复杂。在高等教育中，有一个闻名的规范“要么发表，要么出局”，这样的激励机制，会让人在心理上产生两难。这对于研究来说是很难的，尤其是当研究资金枯竭的时候。

因此，对激励这个盒子的诊断要考虑：

1．组织应当激励什么（匹配性）？

2．激励机制兼顾了现实层面和心理层面吗（正式系统）？

3．人们在被激励或惩罚的时候感受到的是什么（非正式系统）？

D．检查正式的激励机制，在下面的左侧列举一些组织中的重要活动，然后识别这些活动里人们获得的激励。

重要活动	激励

E．如果你在对结构的诊断（第8步）中列举了一个“未完成的任务”，现在想一想，有没有对它设置激励？是___ 否___ 如果是，你如何解释这种未完成的现状？

F．针对以下内容检查非正式系统：

1．是不是激励了一件不重要的事情？为什么要激励它？

2．对于破坏行为采取的惩罚或制裁措施有哪些？

3．是不是激励了阻碍组织获得最大利益的事情？为什么要激励它？

4．是否惩罚了有用的行为？

见本书第2部分第11章。

领导方式

有巨人的力量固然好，但像巨人那样滥用力量就是一种残暴行为。

——Shakespeare's *Measure for Measure*

大多数关于领导的理论主要侧重在人际交往方式上，即非正式系统。一种流行的方式是根据专制和民主方式来对行为进行分类。Likert（1967）发现，“4”型管理者（参与式）展现出更高的支持、制定高标准、使用团队方法的风格，通常比“1”型（独裁式）的生产力更高。Blake和Mouton（1964）假设最好的管理者能根据情境协调人和事的关系。

这两个理念都需要通过训练获得发展。“伪民主党”要学习停止向他人问一些自己已经有答案的问题，而且要学会变得更果敢。独裁者要学习在行动前搜集更多的信息。这两类人都可以学习如何获得他人反馈，来帮助他们了解自己的表现。

Fiedler（1967）采用了不同的方法。他通过任务或关系导向来将管理者进行分类，指出不同类型的领导方式在一些情况下是有利的，在其他情况下可能是不利的，而且改变个人的风格导向并不容易。因此，相比训练，他更建议：（1）将管理者与相应的任务/状况相匹配；（2）改变任务来符合管理团队的风格（参见他在第2部分的文章）。

遗憾的是，这种观点包含了太多可能性，我很难去运用。但是，它确实强调了一个我们都没有足够理解的问题，尤其是在非工业组织中：人际交往技能在非结构性、模糊和高度紧张的情况下是最有价值的。也有越来越多的证据支撑这个观点。尽管管理者可以使用人际技能来平息抱怨，但是在缺乏清晰目标以及目标一致性不够的情况下，这对组织绩效没有贡献。

没有人能够知道所有状况需要的优秀管理者。你能做的就是去理解组织的要求，然后判断管理方式对组织发展做出的贡献或阻碍的程度，判断领导者应该学习什么技能以及学到什么程度。

第12步 诊断领导方式

A．使用你知道的任何领导理论，描述你对组织在这个盒子上的诊断。例如，是“任务导向”，还是“关系导向”，抑或是两者兼有？是参与型，还是独裁型，或者其他类型？

B．这些行为与组织目的的匹配度是怎样的？很匹配___ 不是很匹配___

C．你如何描述管理者的领导方式？

D．高管团队的风格是什么？

E．在以上答案中，你是否看到了一些共性？是____ 否____ 不确定____

F．描述管理者领导方式的优势和劣势：

优势	劣势

对领导方式的评价要看管理层能否让组织正常“运转”。Selznick（1957）列举了四项管理任务，如果没完成这些任务，就严重危害组织：

1. 定义目的；
2. 让工作项目与目的保持一致；
3. 保持组织完整性；
4. 处理内部冲突。

组织中存在很多混乱，尤其出现在知识型工作者中，是因为组织缺乏一定的结构，而这个结构只有管理者可以提供。

因此，领导者有责任去扫描六个盒子，发现正式和非正式的“光点”，并采取相应措施。这项任务可以由管理层共同承担，但不能被忽视。在职能型组织中，要尤其关注这一点。因为各个职能会关注自己的任务，但不能期待他们对全局负责。

我并不是说，领导者要了解并做好所有的事情。领导者要知道问题出在哪里，以及这些问题如何影响整体。这需要系统性的监督和纠偏机制（干预），不能忽略雷达屏幕上闪烁的影响组织绩效的“光点”。

领导者所面临的最主要困境是让其他人一起共担风险。如果人们觉得领导者的远见不够，总是采取自上而下的行为，人们就不会与领导者共同承担，有人选择提前离开。

除了行为技能，领导者还需要理解环境，始终保持对组织目标的关注，尤其是当雷达屏幕上出现“光点”时。领导者要理解自己的角色，设计相应的机制来保持正式系统和非正式系统之间的平衡。

没有人能把这种就像高空走钢丝的事从容地做好。在某种程度上，可能根本没有人做这项工作，因为一个正式组织在非正式的角度通常没有领导者。

第12步（续）

G．管理层为关注和平衡六个盒子而做出了多大程度的努力？

很大程度 1 2 3 4 5 无

这对组织会产生哪些影响？

H．领导者或管理层在相关的正式系统和流程中表现如何，以及他们的非正式行为表现得如何？

很大程度 1 2 3 4 5 无

这会导致哪些后果？

你知道有哪些机制可以帮助改善组织扫描的能力？

1．______________________________

2．______________________________

3．______________________________

4．______________________________

针对每一项，为什么没有运用得更多或更好？

见本书第2部分第12章。

帮助机制

我想把这部分内容做一些简单延展，来促进创造性的思考。如果符合以下描述的情形，机制是“有用的”：

1．帮助协调或整合工作，帮助人们更好地协作。

2．帮助跟进组织的工作，帮助人们追踪事情进展得是否顺利。

3．用来发现和处理雷达屏幕上的“光点”。

管理系统不管是复杂的（如目标管理及绩效评估），还是简单的（如每周的员工会议），都需要进行协调。这些协调机制如果能实现预期目的，就会对组织有帮助。

帮助机制对其他盒子都有影响。帮助机制是在目的、结构、关系、激励上的有效工作方式，是改善所有盒子情况的方法或流程，是改善工作体验品质的干预方式。以下是三种类别（潜在）的帮助机制：

1．政策、流程、日程安排、会议。是能够让人们共同工作的“正式”事件、活动和工具。

2．非正式的策略、临时方案、创新方法、适应性行动。人们在正式机制覆盖不到的问题上，自发设计的解决方案。

3．传统的管理机制。我认为四个重要的点是计划、预算、控制和评估（信息）。每个点都可以成为有用的机制，不过要注意，既有的系统并不会自动成为有效机制。

以下是我经历过的例子。

有用的机制（业务）

1．每周举行一次客户问题解决会议；

2．整个部门共享文件；

3．安排在职培训。

有用的机制（医学院）

1．学院讨论项目预算；

2．院长与医院主任每周一次协调会议。

无用的机制（业务）

1．为三个目的计算三次订单（数字都一样）；

2．将所有非常规问题给同一个老板（导致瓶颈）；

3．只有一个文员。

无用的机制（医学院）

1．分发未经过讨论的流程手册；

2．学院努力写报告说明时间花在哪儿。

第13步　诊断帮助机制

A. 识别你认为组织中对人们真正有帮助的机制。

正式的	非正式的

B. 诊断你的管理系统。在下面列举正式或非正式机制的例子，包括如何做、谁负责，以及你认为该机制对于工作的协调是否有价值。

	正式机制	非正式机制	人	是否有价值
计划				
预算				
控制				
评估				

有帮助和没帮助

什么让一个机制“有帮助”？我认为，如果一个机制能促使人们去做他们认为有价值的工作，这个机制就是有帮助的。当然，工作必须与目的、结构、关系、激励等保持一致。

组织运营中常出现的错误，就是误解了方法、策略或程序对顽疾问题解决的有效性。这些正式系统本身没有生命，它们也不关心事情会变好还是变坏。有效性意味着潜在的问题和解决方案。无论是问题还是解决方案都与人们的技能和意愿有关。

有时，机制会恶化准备要解决的问题。更糟糕的是，它们可能会带来比之前的问题更让人恼怒的新问题。如果发生这种情况，说明原有的机制无效，需要新的帮助机制了。

“干预”的一种方法是创造机制，让原本无法被解决的问题有可能被解决。我这里所说的“问题”不仅是技术性的功能障碍，还泛指生产者或消费者不满意的任何情况（如时间的使用、惩罚性氛围等）。

第13步（续）

C．识别明显没有帮助的正式机制。什么它们无效？

正式机制	为什么无效

D. 识别无用的非正式机制，如规范或惯例。什么无效？

非正式机制	为什么无效

E. 思考雷达屏幕上显示的其他盒子的“光点”。这种情况是因为无效机制吗？缺失什么机制吗？

光点/盒子	无效？	缺失？

F. 你可能创建什么新的机制来改善这种情况？正式和非正式的、简单和复杂的均可考虑。

G. 上述哪种机制最可行？

见本书第2部分第13章。

整体性诊断：构建诊断概要

六盒模型是有一个有用的“预警系统”，你可以用它来决定在哪里采取纠偏措施。总体上，有三个层面的诊断可以为制定适当的干预提供线索：

1．组织是否适应环境？如果适应性不够，那么组织很难发展。

2．组织是否被系统性地安排，有良好的结构来实现目的？如果不是，那么在检查人际和群体过程之前，要在组织结构上下功夫，这对个人成长的意义更大。

3．组织里通行的规范是否与意图相符？正式系统和非正式系统之间存在多少差异？如果这是主要问题，则绝大多数组织发展工具都可以起到作用。

你对任何盒子的诊断性问题都将产生有用的数据。你可以使用书中提到的问题，也可以设计自己的问题。基于你到目前为止的学习和笔记，下一页的诊断性概要可以帮助你做出对以上几个层次的初步诊断。

有多少管理者，就有多少使用六个盒子的方法。我曾经使用六个盒子帮助启动新的工作团队、战术小组和委员会，帮助现有团队决定下一步需要做什么。还有人则使用这些问题筛选潜在雇主，通过文献评估公司管理问题，撰写职位说明并整理自己的研究成果。

一旦你完成了诊断性概要和所有练习的步骤，就会很清楚地知道六盒模型可以如何帮助你。

第14步　诊断性概要

下面的内容将帮助你整合想法，得出一些结论。

按照程度圈出一个符合的数字。

1. 客户看重并支持组织的目的吗？	完全	1 2 3 4 5	根本不
2. 结构对于环境而言足够灵活吗？	太松散	1 2 3 4 5	太死板
3. 冲突管理是否利于优化关系？	管理良好	1 2 3 4 5	管理不善
4. 系统是关系冲突的来源吗？	没有冲突	1 2 3 4 5	有严重冲突
5. 目的的激励是否合适？	合适的奖励	1 2 3 4 5	不合适的奖励
6. 人们有动力执行吗？	有强烈的动力	1 2 3 4 5	缺乏动力
7. 领导风格适合解决问题吗？	非常适合	1 2 3 4 5	根本不适合
8. 现有机制是否有帮助？	非常有效	1 2 3 4 5	无效
9. 正式系统是否符合需要？	非常符合	1 2 3 4 5	根本不符合
10. 非正式系统是否符合需要？	非常符合	1 2 3 4 5	根本不符合

现在做出几个整体判断。总体而言，组织对环境的“适应性”有多好？

非常适合　1　2　3　4　5　不太适合

个人对组织的“匹配性”有多好？

非常适合　1　2　3　4　5　不太适合

将前十项所画的圆圈连接起来画一条直线，多数项位于左侧则说明情况比较乐观，多数项位于右侧则说明管理更困难。花一点时间考虑问题是如何相互加强的。

进一步澄清

对于组织这个整体而言，最重要的问题不在于它已经实现了什么，而在于未来行动的适应性。

——James Thompson（1967）

到目前为止，你已经对组织中完成的和未完成的事情有了较好的理解。为了加深理解，你可以使用六盒模型来识别正式系统和非正式系统之间的“差距”。

下页的表格可以让你重新审视这些术语和类别。如果有问题你不知道归到哪个类别，表格提供了一个额外的空格。经历了这么多步骤的诊断，终于你要开始尝试确定需要做什么来改善组织了。

第15步　澄清

现在，将你的理解总结为一些简明扼要的定义。根据需要关注度来整理问题，陈述所谓“差距”或缺失的事物。

盒子	我们说了什么 （正式）	我们做了什么 （非正式）	我们需要什么
目的			
结构			
关系			
激励			
领导方式			
帮助机制			

干预理论

下面列出了一些基于六盒模型的假设，关于要不要、在哪里以及如何干预来改善组织。这些是“实践理论”，意味着它们为我工作很长时间了，但是很难用正式的方式来证明。因此，你必须自己直接去验证它们。

1. “过程”问题总是阻碍工作。事实上，工作拖延是问题存在和人们有较为强烈的情绪的迹象。

2. 这些问题可以定位到一个或多个盒子里。

3. 工作拖延是指，如果人们没有自发地重新开始工作，就说明缺乏使其回到正轨的有效机制。

4. 数据给出了妨碍工作的内外部线索。

5. 诊断意味着对线索有价值，可以预测哪儿有问题以及可能的解决办法。

6. 每个干预（行动步骤）都基于诊断。诊断越有意识评估行动步骤就越容易。

7. 无论是简单的还是复杂的干预，通常都会以六盒模型中的一到两个盒子作为目标对象。

8. 没有哪一个干预可以改进一切。

9. 任何干预方式必然产生其他盒子的干预需求，因为改进系统的某一部分会在其他部分产生延迟或差距。

10. 管理就是持续扫描六盒模型的流程，让六个盒子之间保持平衡。

11. 干预措施是完成这项工作的工具。干预措施应当由重视持续改进的人，有节奏地组合使用。

12. 改进一个组织意味着通过诊断和干预来提高生产力，提升人们的自尊。以牺牲某一个部分为代价的干预对于任何组织而言都是一个很差的干预。

第16步 诊断你对潜在干预措施的了解

思考表格左侧列出的理论、人物和出版物，选中一个或多个你认为可以用到的盒子。你首先想到的是哪类问题？有哪个模型是不可能使用的？

理论/干预模型	目的	结构	关系	激励	领导方式	帮助机制
团队建设（示例）	?	√	√√		√	
交互分析						
格式塔理论						
操作研究						
目标管理						
战略规划						
人际关系训练						
……						
人物/理论						
Argyris						
Blake和Mouton						
Herzberg						
Lawrence和Lorsch						
Likert						
……						
著作/文章/讲义						

见本书第2部分第14章。

各种干预措施的优势和局限的示例

干预	希望影响（盒子）	可能最帮助或最伤害	可能不影响
1. 目标管理	目的	关系 帮助机制	结构
2. 结构重组	结构	目的 关系 领导方式 帮助机制	激励
3. 新的薪酬方案	激励	目的 关系	结构
4. 绩效评估	关系 激励	目的	结构

注：假设所有干预旨在通过改进一个或多个盒子与整体的“适应性”来改进组织绩效。请注意，预期的改进计划可能被其他盒子产生的意外后果而破坏。

权力——一个动态概念

如果不是定期地思考解决方案，这样的练习很难进行。只有付诸行动，诊断才有价值。行动在很大程度上取决于一个近来被广泛关注的词：权力。

谁有权力对组织、环境、外部关系做出必要的变革？你是否了解自己影响变革的权力的来源和可能性？

权力意味着什么？最简单的定义就是，做你想做的事情的能力。权力意味着行动。有或没有都没关系，重要的是，权力是你可以获得的。通常组织和组织中的人都拥有权力，只是他们此前还没意识到。

有三种可能还没被人们意识到的权力来源：

1．处理对组织成功至关重要的环境问题的人。例如，当法律诉讼越来越普遍时掌握法律技能，面对越来越大的外部压力时降低医疗成本的能力。

2．其他部门（或个人）高度依赖的人。例如，文职人员和秘书（通常不被关注）决定了管理者工作的难易程度。

3．了解系统的各个部门如何相互适应，如何行动，个体和群体可以产生怎样的“连锁反应”的人，通常扮演了整合者的角色。

Salancik和Pfeffer（1977）提供了很多例子来说明，个人和组织都可以根据他们与环境的关系以及其他人依赖他们的程度来获得权力（见第2部分第15章）。

Oshry（1976）提出，权力就是在系统中推波助澜的能力，“改善系统条件以增加某些事件发生的可能性”。另外，知道自己如何基于对自己、他人、群体或整个组织的了解，选择相应的行动，是一种优势。

个人与组织之间的“匹配”在很大程度上取决于，人们对自己和系统承担责任的能力，以及对行使和不行使权力的后果保持觉察的能力。

在决定做什么之前，考虑一下你的权力所在，权力有多大，以及你愿意如何使用权力。

第17步 诊断权力

A．针对每个盒子，思考你在第15步中确定的“我们需要做什么”。组织是否具有变革所需的权力？哪个个体或群体可以进行变革？他们的权力来源是什么？

我们需要做的	组织有权力	组织没有权力	个体或群体	权力来源
目的				
结构				
关系				
激励				
领导方式				
帮助机制				

B．在哪个或哪些盒子里，你有权行事或有权让他人行事？

盒子	你的权力来源	将被影响的人

见本书第2部分第15章。

预期和行动

六盒模型最终提供了一个简单的方法来帮助你验证干预正确的程度。我已经用它来解释并预测过失败的干预，预想得越多，需要的解释就越少。根据我的经验，所有失败的干预都有如下三个原因：

1．它们不适合问题或组织。例如，T-group可以改善关系，但对严重的目的、结构或技术方面的缺陷就不适应。

2．处理雷达屏幕上的错误（不太重要的）“光点”。如果管理团队无效是紧迫问题，那么你在激励上花再多时间也无济于事。

3．它们解决了确认的问题，但是加剧了其他盒子的问题。一个组织可以进行组织架构优化来更好地适应环境，但是可能导致关系这个盒子出现问题。

在第18步中，你会看到可能采取的行动，以及它们是否因为某种理由而“失败”。

第18步 行动

A．你可以识别雷达屏幕上需要关注的一个或多个“光点”吗？对于每个“光点”而言，什么“干预”或步骤可能是适合的？

光点	可能的行动步骤	优先级

B．返回上表，按照优先级排列你列出的“光点”。你可以做什么？

C．你能做的是什么？什么时候开始？

建立你自己的模型

当使用本书所提供的材料进行实践练习时，有些人发现自己有与本书不同的观点。例如，“技术这个元素应该放哪里？”“怎么没有价值观？”“为什么不把‘激励’称为‘奖励或处分’？”这些都是常见问题。在第19步，你可以用你自己方便的方式修改六盒模型，更改盒子的名称，添加或删除盒子，并重新定义问题等，直到你也拥有了可以使用的认知地图（当然，也许你更喜欢六盒模型，并不想改变它）。

第19步　建立你自己的模型

A．在下面描述你想要做出的任何修改。

B．你构建的模型除诊断组织外还可以用在哪儿?

比较不同的组织

关于是什么让组织运转良好，我们还有很多不知道的地方。很多行为“科学”并不科学，而是凭感觉行事。我们不能解释所有的“变量”。对于既定的任务、环境、人员，我们并不知道最好的安排是什么。越来越多的人根本不希望“被组织”，至少不希望是在官僚主义思维下。

另外，人们越努力将一个系统和环境中不同的部分以正式的方式捏在一起，就会产生越多不可预测的后果。

大多数组织理论都在工业组织中发展和验证。工业企业有四个结构特征，可以允许人们对其进行合理的修改：

1．具体目标；

2．绩效评估；

3．正式权威；

4．任务的相互依赖。

简而言之，这意味着人们大体上了解了他们共同努力是为了什么，谁负责，什么是良好绩效，以及他们不合作会发生什么。

在组织缺乏上述任何一项时，生产者和消费者可能都不能接受。我们已经探讨了目的（目标）、相互依赖性（关系）和正式权威（领导者）对完成工作的意义。

如果你要研究一个非工业组织（如医院、学校、专业社团或大学），你也可能发现事情并不如预想中的顺利，而且你不清楚为什么会不顺利。思考以下两种可能性：

1．最能控制输出的人（如医院的医生、大学的教授），当然不希望在系统、流程、输出措施等方面被组织。他们更多地通过政治、地位和联盟而不是结构来工作。

2．组织的工作和环境并不能带给他们更高的控制、更紧密的协作和更细致的规划。在这些情况下，工业组织的方法可能不适合。

第20步　诊断性比较

A．列出两种不同类型的组织：一种是工业类，另一种是非工业类。用头脑风暴法列出你能够想到的差异，不仅是上一页提到的差异。

组织1（工业类）	组织2（非工业类）

B．在你的列表项目中哪些差异导致了其他方面的差异？换句话说，哪些要求不同的政策、流程、系统、奖励等？

C．如果你可以在上述的不同组织中引入变革，会是什么？为什么？

见本书第2部分第16章。

后记：价值声明

我看到组织诊断在不断转型。组织诊断在超级理性的、规范的管理系统和很难预测的、不确定的、进化的现实之间，建立了不完美连接。

例如，人们会赋予“诊断”这个词不同的含义。例如，有些医生执着于理性的医疗模式，根据症状的数据，使用诊断这个术语来表示偏离“健康”的指标，相信把这些数据汇总起来可以准确地找出病因，并通过规范性干预对病症加以治疗。越来越多的医生意识到了这种模式的局限性，但是他们缺乏合理表述其局限性的词汇和基本理念。

在组织诊断方面，我认为创建这些词汇非常重要。与医生通常遇到的情况相比，对于给定的状况，甚至常规情况，组织在“治疗”方面遇到的问题更多。

组织没有类似于血压、脉搏和体温等提供健康线索的生命体征。虽然成本和结果指标可能提供关于系统是否正常运行的一些线索，但是它们并不能说明与人的体验和自尊相关的信息，而这两方面的指标在组织发展中都有非常重要的作用。

总之，组织诊断只是理性行为中的一部分。理性、有序的学习对我来说非常重要。本书的组织诊断方法已经在一些工业企业得到了运用。我也认为我们的组织正在达到理性的瓶颈，我们正在承受压力，还没有具体的技术性解决方案。

所以本书是一个集合产物，综合了线性和非线性概念，也包含了修改它们的过程。这个过程，是基于亲身体验的行动研究和系统的测试，相比任何概念，我更看重的是这个过程。我相信，关于组织设计的任何具体问题的正确答案都是“视情况而定”。

我认为的“视情况而定”部分表达了我的意思，我说“部分”是因为我关注的焦点是组织。虽然我对个体之间的差异、人际与群体的过程很敏感，但我努力做的是把这些与组织发展的成败进行匹配和联系。在任何关于个人或组织倾向的测试中，我至少有51%的机会是偏向于个人的。在我看来，成功的组织是富有成效的组织。富有成效有两个方面的含义，一方面组织获得了满足生存需求和发展所需的产出，另一方面提高了组织中人的能力和自尊。

如果检查组织目的、结构、激励等之间的联系，你就会发现生存和个人发展之间的相互作用愈加清晰。我意识到有比这些更多的变数存在。我也相信，在当前这个看似永恒的过渡时期，尽管有很多限制，但是仍然存在一些有帮助的力量，而这些力量正是我想努力构建的。

欢迎大家给我更多有关组织诊断的意见、建议和反馈。

马文·韦斯伯德

参考文献

Blake, Robert R., and Jane S. Mouton, *The Managerial Grid* (Houston : Gulf, 1964).

Clapp, Neale W., "Work Group Norms: Leverage for Organizational Change, I —Theory, II —Application," Organization Development Reading Series, No.2 (Plainfield, N.J.: Block Petrella Associates, 1974).

Drucker, Peter, F., "The Dimensions of Management," *Management — Tasks — Responsibilities — Practices* (New York: Harper & Row, 1974), Chapter 4.

Fiedler, Fred E., *A Theory of Leadership Effectiveness* (New York: McGraw-Hill, 1967).

Gulick, Luther, and Lyndall F. Urwick, eds., *Papers on the Science of Administration* (New York: Institute of Public Administration, Columbia University, 1937). This commonly used analysis may have originated with Gulick's "Notes on the Theory of Organizations."

Herzberg, F., B. Mausner, and B. Snyderman, *The Motivation to Work* (New York: Wiley, 1959).

Huse, Edgar F., *Organization Development and Change* (St. Paul: West, 1975).

Kast, Fremont E., and James E. Rosenzweig, *Organization and Management: A Systems Approach* (New York: McGraw-Hill, 1970). These mechanisms are covered in many standard management texts. The Kast and Rosenzweig book integrates them in a behavioral context.

Lawrence, Paul R., and J. W. Lorsch, *Organization and Environment* (Boston: Harvard Business School, 1967).

Lawrence, Paul R., Marvin R. Weisbord, and Martin P. Charns, *Academic Medical Center Self-Study Guide*, Report to Physicians' Assistance Branch,

Bureau of Health Manpower Education, National Institutes of Health, 1973.

Likert, R., *The Human Organization: Its Management and Value* (New York: McGraw-Hill, 1967).

Maddox, Robert, of RCA staff. This integration was called to my attention by Dr. Maddox, who used it in a Professional Programs notebook on motivation, 1965.

Maslow, A., *Motivation and Personality* (New York: Harper, 1954).

Meyer, Herbert H., "The Pay-for-Performance Dilemma," *Organizational Dynamics* 3, 3 (Winter 1975): 47.

Oshry, Barry. "Power and Systems: An Overview," *Social Change* 6, 2 (1976) : 7.

Salancik, Gerald R., and Jeffrey Pfeffer, "Who Gets Power and How They Hold on to It: A Strategic-Contingency Model of Power." *Organizational Dynamics* (Winter 1977): 3-21.

Selznick, Philip, *Leadership in Administration* (New York: Harper & Row, 1957).

Steers, Richard M., and Lyman W. Porter, "The Role Of Task Goal Attributes in Employee Performance" (Irvine:University of California, Graduate School of Administration; Washington, D.C.:Office of Naval Research, Report No.TR-24, April 1974).

Thompson, James D., *Organizations in Action: Social Science Bases of Administrative Theory* (New York, McGraw-Hill, 1967).

Tilles, Seymour, "The Manager' S Job: A Systems Approach," *Harvard Business Review* 41, 1 (1963):81.

Trist, E.L., "On Socio-Technical Systems," *The Planning of Change*, 2d ed. , ed. Warren G. Bennis *et al.* (New York:Holt, Rinehart and Winston, 1969).

Vaill, Peter B., "Notes on Organization Development and Strategic Planning."

(Paper presented at the NTL Institute Learning Community, Bethel, Maine, 1976).

———, "Output Congruity Matrix," 1974. Another concept appropriated from the fertile writings of Vaill.

Vickers, Sir Geoffrey, *The Art of Judgment* (New York : Basic Books, 1965).

Weisbord, Marvin R., "A Mixed Model for Medical Centers:Changing Structure and Behavior," in John Adams, ed., *Theory and Method in Organization Development:An Evolutionary Process* (Arlington, Va.:NTL Institute for Applied Behavioral Science, 1974).

Whyte, William Foote, and Frank B. Miller. "Industrial Sociology," in Joseph B. Gittler, ed., *Review of Sociology: Analysis of a Decade* (New York:Wiley, 1957), pp. 289-345.

第2部分　组织诊断的阅读材料

在第2部分我摘录了一些对我有深刻影响的专家的观点，它们选自不同的书籍、文章和论文（每篇都标注了来源），它们：

1．为希望通过原著获得观点或想要了解更多其他观点的人提供参考；

2．激发读者更深入地理解专业资源。本书所引用的资源构成了一份丰富的研究资料，这些资料体现了对组织行为/管理理论及实践方面的当前思考。

大多数专家的观点都是独立存在的，它们提供了对特定盒子、因素和诊断问题的独立见解。

愿意深入阅读材料的读者，除了查看本书第1部分末尾的参考文献，还可以在文章末尾看到每篇文章的参考资料。

第1章 行动研究

我认为，对管理者和社会学家来说，行动研究是一个更持久、更灵活的概念。

对行动研究这个术语的完整描述（包含其来历和用法示例）来自French和Bell撰写的一部组织发展方面的优秀著作。他们在书中阐述了用行动研究诊断和改善员工会议，并且具体描述了实际诊断过程。

行动研究和组织发展[1]

Wendell L. French Cecil H. Bell，Jr.

大多数组织发展活动的基本模型是行动研究模型——一种基于数据的问题解决模型，涉及数据收集，向客户反馈数据，以及基于数据的行动计划。[1] 行动研究既是一种问题解决的方法（一种模型或范例），又是一种解决问题的过程（一系列活动和事件）。

将行动研究应用于典型组织问题的示例对你会有帮助。假设问题出在每周工作会议效率低下——参加会议的人数很少；成员的承诺度和参与度低；活动的参与和互动程度很低；会议通常被认为是无效的。假定你是会议的负责人，希望会议能够成为促进组织发展的重要手段。按照行动研究模型，第一步是收集有关现状的数据。假设这一步已经完成，并且数据表明，会议通常不受欢迎并且被认为是徒劳的。第二步是寻找问题的原因，产生一个或多个假设，从假设中可以推导潜在的结果。现在你提出以下四个假设，注意行动研究假设包括非常重要的两个方面——目标和实现该目标的行动或流程。

1．如果我从员工那里征集和使用议题，而不仅由我自己制定议程，那么会议将更有成效。

---

1 Wendell L. French and Cecil H. Bell, Jr., *Organization Development: Behavioral Science Interventions for Organization Improvement*, © 1973, pp. 84-111. Adapted by permission of Prentice-Hall, Inc., Englewood Cliffs, New Jersey.

2．如果全体员工轮流担任会议主持，而不是我一直主持，那么会议将更有成效。

3．如果我们每周召开两次会议，而不是每周召开一次，那么会议将更有成效。

4．我一直以“不讲废话”的方式主持员工会议。也许，如果我放松了讨论的内容和方式，鼓励更多的讨论，仔细聆听员工的声音，对正在发生的事情表现得更加开放，那么会议将更有成效。

以上的每个假设都有一个目的（会议更有成效），并且每个假设都有相应的行动或流程。可能还需要额外的工作来澄清目标和行动，然后通过数据收集对假设和行动效果进行系统性测试并评估其影响。

行动研究的另一个显著特征是，系统内部的个人（客户）与系统外部的个人（变革代理人或研究人员）之间的协作。例如，Havelock将行动研究定义为：

“研究人员和实践者在诊断和评估实践环境中存在的问题方面进行协作……行动研究为一起协作的实践者提供了一个系统，这个系统有关于组织运营的科学数据，可用于自我评估。[13]”

Havelock还讨论了“协作性行动探询”：

“与行动研究类似。但是，该模型更加强调对实践者系统的服务，以及研究人员和实践者的团队协同。探询团队在目标定义、在研究的所有阶段以及变革策略方面进行协作。[14]……

“……几乎所有作者都强调行动研究的协作性质，有些人将其视为该模型有效的主要原因。[15]”

绝大多数人相信，人们倾向于支持自己创造的东西。这种信念与行动研究模型的协作性主张高度一致，促使实践者和研究人员与客户系统成员进行广泛的合作。这种观点意味着客户系统的成员和研究人员应该共同定义他们要解决的问题，定义用于数据收集的方法，确定与情境有关的假设，评估采取措施的后果。我们相信，行动研究的协作性对组织发展特别重要。

注释

1．Richard Beckhard, *Organization Development: Strategies and Models* (Reading, Mass.: Addision-Wesley Publishing Company, 1969), p.28.

13．Ronald G. Havelock, *Planning for Innovation through Dissemination and Utilization of Knowledge* (Ann Arbor: Institute for Social Research, The University of Michigan, 1969), pp.9-23.

14．出处同上。

15．在这方面，Collier、Corey和Lippitt（本章后面引用）的研究表明，受变革影响的所有个体之间的协作非常重要。

第2章　行话

Peter Vaill整理了很多与组织诊断理论和实践相关的术语。我摘录了其部分内容，原始版本包含了更多与组织发展、培训和相关主题相关的术语。

组织发展领域的术语表[1]

Peter Vaill

给读者的个人说明：

我对术语表有复杂的感受。当你要编写术语表的时候，会发现两个潜在的问题。首先，这些词汇可能会让没有受过良好教育的读者阅读起来有障碍，他们会有受挫的感觉。我的目标读者是现在和将来的组织发展从业人员。我认识很多组织发展实践者，希望我没有高估他们对这样的术语表的需求。

其次，会有一个尴尬，也有很多在这个领域博学和有丰富经验的人，这些术语是他们日常交流的组成部分。你希望他们也能认可你的定义。

尽管有这些想法和烦恼，一直以来，我认为应该有人来做这样的术语表。我个人并不喜欢很多专业术语和行话。我认为这是行为科学中一个非常严重的问题。我可以忍受专业人士之间用术语沟通，但我不希望看到圈外人和组织发展实践者被排除在外。如果一个人因为不懂行话而不得不退出关于人的行为的讨论时，这是一件可悲的事情。

我希望术语表可以帮助对组织发展新人的培训，提高对概念理解的准确性，从而帮助组织发展前进。基于这些期望，我尽量描述概念的实际运用方式，而不只是提供当前的学术定义。没有多少人在意学术上的定义。有时候，我会按照我们实际使用的方式来编辑学术语言，过程中会感到一些讽

1　John E. Jones and J. William Pfeiffer， eds.， *The 1973 Annual Handbook for Group Facilitators* (La Jolla， Calif.: University Associates， 1973). 经许可使用。

刺，学术语言与实际使用之间有差距。

对我来说，最大的难题是术语表里要包含什么和要排除什么，我没有直接利用行为科学的词汇，但我尝试把行为科学的一些术语包括在内，一些在组织发展圈中被错误使用了。

行动研究：研究—变革—研究—变革的循环性过程。研究结果产生了变革的思路；这些变革举措被引入同一个系统中，通过进一步的研究指出其影响。循环次数可能是无限的。这个词语被越来越多地用于描述组织中行动者所做的事情。

适应性：用于描述各种系统行为。最初主要用于描述个人（例如，“他的适应性行为”），现在也用于描述群体和组织。通常用于总结一些具体行动或事件（例如，Y先生适应能力很强）是否符合情境需要，其含义通常是抽象的。

返回：从哪里来到哪里去。例如，在线下会议后，把研讨的内容运用在现实的工作情境中。

行为科学：用于研究人类行为的各个学科，包含所有传统社会科学。

边界：用来描述组织中不同力量在系统或场域中相互作用的过程。边界可以理解为一个物理学术语，就像组织中两个部门之前的墙壁一样。边界也可以是社会过程，任何试图将系统不同部分彼此区分的力或因素都可以说具有边界效应。

搭桥：旨在将系统中或相互关联的系统与环境之间的元素整合在一起的个人、群体或组织的行动。例如，把群体组织在一起成为一个更大的实体。团体间以及从团体间产生行动的想法是一个很好的搭桥的例子。

催化剂：个人或角色在不希望或不能让事情发生的情况下试图让事情发生的行为。这通常是一种自我描述，一般不清楚什么正在被催化。

客户系统：是一个系统（个人、群体或组织等），是其他代理人努力变革的对象。通常简写为“客户”。客户可能与顾问/变革代理人在同一个组织中，例如，在某种情况下，直线经理是员工群体的客户。客户与顾问也可能位于不同的组织中。变革策略的关键因素之一是回答这个问题："谁是客户？" 临床实践：聚焦特定的问题或条件。一个员工会议可能既是一次工作规划，也是一次临床实践。

临床：对于现实的立场或认知取向。通常包括：处理整体而不是部分；关注具体而非抽象的事实；解决问题，而不仅是分析问题。

封闭系统（思维、方法等）：忽视系统与环境之间的关系和趋势。这种趋势往往是无意识的，可能导致错误（参见开放系统）。

认知取向（类型、级别）：以知识为导向。区别于感知和感受。

顾问（内部、外部）：内部顾问是指试图产生影响的组织内成员。可能被认定，也可能没有被认定为正式的内部顾问职务。外部顾问不是组织雇用的成员。两种不同的顾问角色都被广泛关注，有各自优势和局限。大多数观点认为，从长远角度看，如果没有这两个角色，组织就不能进行有效的组织发展。

冲突管理：帮助学员更有效地处理组织情境中的人际冲突。特别强调的是面对和解决冲突，而不是避免或强行命令来处理。

面质：是指一个人试图让另一个人意识到自己无意识行为的过程。"面质性风格"越来越多地用来描述一个人习惯性地给他人提供反馈。

文化：具有多种定义的术语。实践者通常用来指似乎根深蒂固、难以改变的做法、态度或模式。常用于此类短语，如"……公司文化……""……嵌入……文化中"等。

基于数据的干预：行动研究中的具体技术。基于数据的干预通常把收集的数据作为客户系统的输入。数据将呈现给系统中成员，从而启动系统的自我分析过程。

诊断：实践者用来表示发现社会系统正在发生什么，并根据理论解释该发现。指代研究和分析的正式过程。

动态：广泛用于形容任何形式的力的过程的术语。它的普及可能是由于不想按照静态的确定性去思考。描述为动态的事物或过程通常相当模糊且不容易明确。

功能障碍：阻碍目标的方面。这个术语是指系统的“不良”部分。

生态学：从生态的角度研究系统与其所处环境之间的关系。它的使用越来越随意，因此可能有失去原始意义的危险，并且掩饰了其含义的模糊性。

进入的过程：顾问构建有利条件，准备施加影响的高度复杂的有利条件。进入的过程不同于咨询的主要过程，但也是很重要的活动。例句：“你必须对自己的进入过程保持觉察。”

环境：是指任何目标系统运作的物理和社会环境，无论是个人、群体还是组织。

体验式：一种学习方法的术语，在学习中尽可能直接体验内容，而不是阅读书本或在讲座中谈论。该术语可用于各种培训。

专家权力：来自领导力文献的术语，是指一个人凭借其技术或专业知识形成的影响力。

引导：事件被“帮助发生”的过程。引导者是一种不专制也不纵容的影响角色。有时候是一种委婉的说法，意图更具有指导性。

反馈：系统理论的术语，主要用于描述一个人向另一个人报告其行为对报告者的影响。“消极反馈”是行为带来负面影响。“积极反馈”相反。该术语有时也用于较大规模的系统，例如，市场对组织的反馈。

正式（领导、组织、系统）：最初是Hawthorne在研究中提出的一个术语，用于指定在政策和程序中明确建立的一套组织关系（“正式组织”）。现在，“正式”已作为很多类型的组织现象的前缀，但主要涉及在政策和程序中建立的内容。正式领导，指一个群体的指定领导人，无论他是否具有最大的影响力。（相对应地，参见非正式）

功能：描述系统中促进实现其目标的那些部分。该术语来源于心理学和社会学（采用了生物科学的方法）的分析，通过了解系统的一部分对彼此的影响以及系统与其环境之间的相互影响来理解系统。这些影响被认为是正向功能或负向功能。这两个术语在非正式情况下可用来替代“好”和“坏”。

影响：人们对彼此有意、无意的行为效应。然而，由于个人价值观的原因，这个词具有争议。有时候被认为与帮助关系不同，不具备促进性，有点不择手段。其他人认为影响是有用的概念，并不否认帮助的可能性或价值。

非正式（领导、组织、系统）：Hawthorne在研究中提出的一个术语，指一段时间内随着人们彼此之间的日常体验而出现的组织关系。非正式关系是人们在特定情境下实际需求的表现，与他们的领导认为他们应该有的需求相反。

输入：源于系统理论的术语，用于描述人们对系统的贡献，尤其是他们的想法带来的贡献。

互动：几乎任何行为都是由人际关系产生的。在人际关系中，它包括了交流、言语和非言语、有意识和无意识的所有形式。互动胜于言语。

交互界面：航空航天工业和系统工程的术语，用来描述一个或更多互动的词语。它通常用于描述不同组织之间相关工作的交互行为。

团体间：组织内关系的重要类别，如各部门之间。主要用作形容词，虽然有些人试图将团体间用作名词。

人际的：人与人之间关系的通称，通常指两个人。它是很多短语的前缀，如人际关系、人际方面、人际冲突等。

干预：指变革代理人采取的任何行动。在组织变革的理论专家群体中比较流行。干预意味着行动是有计划的并经过深思熟虑的，可能具有功能性。

内在的：发生在人身上的现象，尤其是指感觉。通常不用来表示“思想”“想法”“信念”。当要强调事件的隐形性和不可接近性时，通常使用这个术语。

连接点：Likert描述某种角色的术语。该角色的关键功能是保持组织各部分之间的连接路径。连接点可以出现在层级结构或正式组织中，更常见的情况是，连接点通常是非正式的。

目标管理（MBO）：Odiorne开发的一种管理策略，让建立和沟通组织目标成为管理者的核心职能。目标管理基于这样的假设，即在上级和下级在方向、优先事项和目标方面达成协议的条件下，将实现最好的监督和领导。

矩阵：双变量交叉分类系统，如二维网格。除了在数学中的含义，在工程科学中的引申含义也越来越普遍，以及用来描述两个变量或变量之间的相互作用。坐标几何的出现促使了这个术语的广泛运用。

机械的：具有人工、非天然的机器般的性质。可以描述广泛的现象，从个体的个人风格到组织政策。

模型：为了方便学习和理解，简化了一些现象，是一个理论的形象化体现。模型是一种理想化的行事方式，试图让人们通过识别好了的行为来进行学习，从而有效地改变行为。

相互影响：行动各方对彼此的行为和结果都有一定的影响。

需求层次：有关有机体需求的特定理论，由Abraham Maslow提出。主要观点为，在需求层次中，底层为最基础的生理需求，而变化更多的心理需求接近顶层。这个理论认为在满足“较低”需求之后才能激活“较高”需求。这个理论带来了很多描述特定时间内需求层次中“人在哪里”的词语，如“尊重程度”“社会层面”“安全水平”等，需求层次理论也是McGregor 的X理论-Y理论的基础。

开放系统：系统与所处环境有关系。系统理论中的这一概念来自生物科学，是指系统与其所处环境之间发生交互的性质。

有机的：没有人为加工，具有天然真实的方面。与机械的性质相反。被用来概括人与人之间密切和相互依赖的关系。

组织发展：一个不断演变的哲学、概念和技术的集合，旨在通过干预社会系统来提高组织绩效。尝试的变革可能针对个人、二人组、群体、群体之间、正式结构或文化。组织发展还不是一门条理清楚的应用科学。它更多来自社会学，而不是生物学或物理学。

组织发展专家：有意识地实践各种组织发展方法和技术的人。很多组织发展专家都竭力避免自己被贴上这个标签。

所有权：关于个人承诺性质的术语，指在某种情况下可能具有影响力，如“我拥有这个项目的所有权”。

参与者—观察者：一种角色，用来描述成员参与社会系统，也同时作为观察者进行研究和评估。系统中其他成员可能知道也可能不知道这种双重角色。参与者—观察者被广泛定义为一个理想化、有策略的角色，但很少有人能成功地扮演这种双重角色。

参与式的：一个术语，用于描述权威人物使用的一种技能，目的是让下属、权力较低的人参与组织的决策过程。例如“员工参与式管理”，其目的是提高员工的责任意识。

计划型变革：描述努力改进人类系统运转的通用词汇。Bennis 将其定义的一种变革过程，在这个过程中，变革者和变革对象之间的权力大致相等，变革的目标是经过双方深思熟虑后共同设置的。

政策科学：社会科学中的一个词语，其理论和研究结果对于制定人类系统的管理政策具有重要的指导意义。

后工业社会：是指20世纪70年代欧美的生产问题得到解决的时期。暗示当下是一个面临优先顺序、生态平衡和正义问题的社会。

问题解决：用于描述人们在工作情境中解决日常问题的过程。它是组织发展工作的重要组成部分，反映出如果组织发展专家不能帮助人们解决实际问题，那么他存在的理由是值得怀疑的。

过程：关于系统打算做任何事的方式的词汇。“社会过程”是人们进行执行活动时彼此相关的方式。大多数培训的目的在于以某种方式让人们对“社会过程”更加敏感。“过程事件”是指在社会过程中发生的事件，如

“让我们花几分钟处理一下过程事情吧”。

角色：在社会系统中具有一定责任和职能的位置。角色可以在正式系统中被创建，也可以在日常运营中以非正式形式出现。它用于各种各样的短语，如“辅助角色”“角色冲突”“角色模糊”。

自组织系统：生物学术语，指任何维持内部力量的持续平衡、环境的持续平衡的系统。此外，它是一种在没有周围环境力量的帮助下自行达到此条件的系统。

感知：描述一种诊断过程的术语，在这种过程中，所需的信息（如态度）是无形且难以捉摸的。

敏感性训练：提高个人对自己或他人敏感度的方法的集合。虽然不同的敏感性训练有差异，但共同部分有：（1）受培训者的指导；（2）培训对象有紧张的人际交往体验；（3）相对安全的环境，没有一般的社会压力和干扰。T-group是实现这三个条件的典型方法，但不是唯一方法。

社会领导者：在非工作活动中承担领导小组角色的个人。

社会系统：任何人及他们的关系。更狭义地说，它是指正式组织内存在的社会关系模式。“社会组织”和“社会团体”有时用于指代小规模的社会系统。

社会技术系统：这个概念是指与社会系统相同的具体现象，但是通过加入“技术”这一术语，用来强调系统的物理现实以及用于工作的技术。

策略：变革代理人对于变革系统、计划性干预的效果的想法。也用于解释选择一种方法或技术的原因。

结构化的（焦点、方法、重点）：专注于正式组织的变革策略的术语。结构化的方法可能涉及组织结构图、职位说明和角色授权。它假设行为变化会随之而来。当变革的目标是整个组织时，这是一个非常重要的干预类别。

调查反馈：一种基于数据的反馈方法。系统成员对某些问题进行调查，并向群体报告调查的结果。如果一个问题被广泛讨论但每个人感到自己是孤独的，这就是一项有用的干预措施。

协同综效：起初是身体器官协同配合的术语。现在指代任何通过合作而不是独自努力完成的过程和结果。

系统性：表示“系统内”或“系统的”术语。通常会被简化掉，如“系统性相互关系”，会用“相互关系”替代。

T-group：一开始是没有任何人或机构组织的，最后演变成有自己结构的群体。T-group的任务是在社会环境中了解自己。通过观察T-group的社会过程，持续研究不断变化的结构。培训师通常通过一系列会议，帮助T-group研究不断变化的结构。目标是学员行为的变化。目前关于T-group带来改变的类型和程度的证据是混杂的。

任务小组：一起工作的一群人。

任务领导者：任意群体中通常都会出现的角色。任务领导者是对群体试图完成主要任务的方式具有最大影响力的人。

以任务为导向：对完成社会系统的任务有强烈兴趣的人。当用来形容某人时，该个词可能带有一点批评意味。

团队（建设、发展）：组织中任务小组成员的工作关系得到改善的过程。可以使用各种敏感性训练的技巧。它是组织发展的主要策略。

技术：一个标准化、可交流的工作流程。在多数情况下被认为与机械性有关，但它的使用范围更广泛。作为一种干预方式，它被越来越多地用于组织发展中，如“团队发展技术”。

临时系统：一个比较新的词汇，是指围绕组织内的具体问题形成的各种各样的特定工作小组。临时系统的成员通常彼此不认识。

X理论-Y理论：McGregor提出的关于组织中人的动机的两个实践理论。X理论本质上是一套对人的消极的、贬损的假设；Y理论是一套积极的、增强的假设。这两套假设对应完全不同的行为。McGregor和很多后来的理论家强烈地主张Y理论。Y理论的精神仍然强烈的存在于组织发展中。

第3章 边界、输入/输出系统、环境

总体来说，“开放系统”和社会技术系统的观点是对组织最有用的方法。Kast和Rosenzweig提供了全面整合的传统和现代理论。本章选取的内容简明扼要地总结了关于“整体”的主要概念。

系统方法[1]

Fremont E. Kast James E. Rosenzweig

组织：环境中的开放系统

系统有封闭式和开放式两类，并与所处的环境相互影响。这种分类的区别在组织理论中非常重要。封闭系统思维主要来自物理学，适用于机械系统。社会科学和组织理论早期都是研究封闭系统的，因为它们认为系统是独立的。传统的管理理论主要基于聚焦组织内部运作的封闭系统的观念，采用来自物理学模式的高度理性主义方法。认为组织足够独立，可以在内部结构、任务和正式关系等方面分析问题，而不需要涉及外部环境。

所有封闭系统的特征在于，它们具有趋向静态平衡和熵增趋势。熵是源于热力学的术语，适用于所有物理系统。任何封闭系统都趋向混乱或随机的状态，该状态进一步的能量转换或工作都没有潜力。“系统的无序、混乱、缺乏模式或组织的随机性被称为熵[27]。”随着时间的推移，封闭系统的熵值增加，趋向更加无序和随机的状态。

生物和社会系统不是这样的，开放系统也不是。开放系统的观点认识到生物或社会系统与其所处环境的动态关系，接受各种输入，并以某种方式转换这些输入，输出成果。以材料、能量和信息的形式接受输入，使得开放系

1 *Organization and Management: A Systems Approach* by Fremont E. Kast and James E. Rosenzweig. Copyright © 1970 by McGraw-Hill Book Company. 经 McGraw-Hill Book Company 许可使用。

统的开放不仅与其所处的环境相关，也与其自身相关，或者允许组成部分之间的“内部”相互作用作为整体来影响系统。开放系统通过改变其内部的结构和过程来适应其所处环境[28]。

组织可以被视为一般的开放系统模式，如图5-1所示。开放系统与环境持续相互影响，并且实现了“稳定状态”或动态平衡，同时保持工作或能量转换的能力。如果没有持续的输入、转换和输出，这个系统就不可能存活。在生物或社会系统中，这是一个连续的再循环过程。系统必须获得足够的资源输入来维持运作，还需要将转换后的足够数量的资源输出到环境中，从而继续循环。

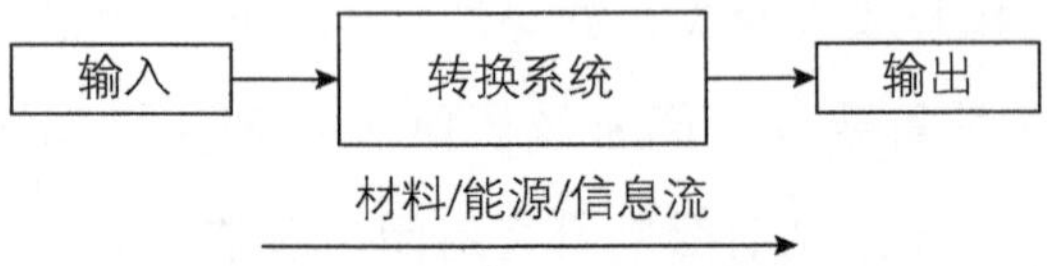

图5-1　一般的开放系统模式

例如，商业组织接受了人员、材料、金钱和信息等形式的社会输入，接着将这些转换为产品、服务以及给予组织成员足够的奖励激发他们持续参与。对于商业企业而言，金钱和市场提供了企业和环境之间资源循环利用的机制。我们可以对各类社会组织进行同样的分析。开放系统的观点为发展更加全面的组织理论奠定了基础。

组织：一个结构化的社会技术系统

除了对环境的考虑，组织也可以被看作一个结构化的社会技术系统。这种视角下的组织是由Trist和他的同事在塔维斯托克研究所提出的。技术主要基于执行的任务，包括设备、工具、设施和操作技术。社会系统是组织中参与者之间的关系。技术和社会两个系统相互作用、相互依存。“Trist认为，任何生产系统都需要一个技术组织（布置设备工艺）和一个工作组织（将执行必要任务的人员彼此联系起来）。技术要求限制了工作组织的可能性，但一个工作组织具有独立于技术组织的社会和心理特征。”[29]

在这种观点下，一个组织不仅是一个技术型或社会型的系统，还是围绕各种技术的人类活动的整合和结构化。这些技术影响了组织的输入类型和输出类型。然而，社会系统决定了技术的有效性和利用效率。

技术子系统是由组织的任务决定的，不同组织的技术子系统差异很大。汽车制造的技术子系统与炼油厂、电子或航空公司的技术子系统区别很大。同样，医院的任务需求和使用的技术与大学的也截然不同。技术子系统是由所需的专业化知识和技能，所涉及的机械设备类型，以及设施布局构成的。

技术经常规定所需的人力投入类型。例如，一家航空公司需要雇用很多科学家、工程师和其他受过较多训练的人。技术也是决定工作结构和关系的主要因素。

除了技术子系统，每个组织在其边界内都有一个社会子系统，包括参与者的相互作用、需求和愿望、情感和价值观。然而，必须强调的是，不能单独去看技术和社会这两个子系统，而要考虑组织的整体背景。技术子系统的任何变化都会对社会子系统产生影响，反之亦然。

组织结构可以被视为在技术子系统和社会子系统之外的第三个子系统。任务要求和技术对组织结构有着根本影响。需要从组织任务的经营和协调这两个部分来考虑结构。从某种意义上来说，组织结构由组织结构图、职位和工作描述、规则和程序构成。同时，它还涉及权力模式、沟通方式和工作流程。从某种意义上来说，组织结构有助于技术子系统和社会子系统之间关系的正式化。然而，要强调的是，这种联系并不完备，很多技术子系统和社会子系统之间发生的互动和关系绕过了正式的结构。

图5-2展示了将组织视为一个结构化的社会技术系统的一种方法。目标和价值观，以及技术、结构、社会和管理子系统被视为组织整体的不同组成部分。该图能帮助大家理解组织理论的演变。传统管理理论强调结构和管理子系统，关注发展原则。人类关系学家和行为科学家强调社会子系统，并将其注意力集中在动机、群体动力和其他相关因素上。管理科学学派则强调经济

技术子系统以及用于量化决策及控制过程中的技术。因此，组织管理的每种方法都强调特定的子系统，却很少意识到组织作为一个结构化的整体的社会技术系统的重要性，也很少考虑到每个主要的子系统及其相互作用……

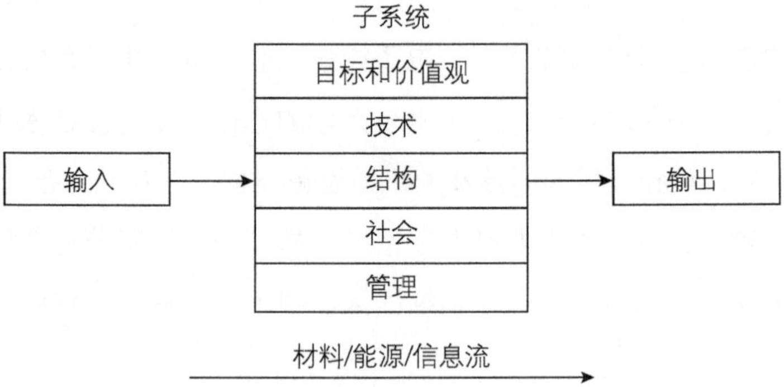

图5-2　作为一个社会技术系统的组织

边界

将组织视为一个开放的社会技术系统的观点表明，存在某种边界将其从环境中分离出来。边界的概念有助于我们理解开放系统和封闭系统的区别。封闭系统有着明确的难以逾越的边界，而开放系统本身与更广泛的超级系统之间互相渗透。“边界是用于定义适当的系统活动，允许人员进入系统以及其他输入进入系统。边界为内部和外部人员之间的各种交互造成了障碍，但它也是促进组织运作必需的特定类型的转化的方法”[30]。

边界为组织活动设定了“域”。物理、机械或生物系统中，边界可以被识别。而在社会组织领域，很难设定边界，边界主要取决于组织的功能和活动。组织的边界有模糊性和高渗透性等主要特点。通常，在研究社会组织时，划定边界是一个利于研究且具有战略性的重要行为。因此，在对一个小型工作团队的研究中，我们会人为地划定边界来研究限定的群体活动，并关注它们与边界外其他群体的相互作用。或者，我们会设置整个部门、公司、行业或整体经济体系的边界。社会组织的边界往往相当灵活且是随时间变化的，这取决于它的活动和功能。

任何组织的关键功能之一是对系统之间边界的规定。管理的主要作用是作为子系统的一个连接点或分界点来确保整合与合作[31]。此外，管理的一个重要功能是作为组织和环境系统之间的边界。

交互界面的概念对理解边界十分有用。交互界面可以被定义为一个系统和另一个系统之间的接触区域。因此，商业组织与其他系统有很多接口，如材料供应商、本地社区、潜在雇员、工会、客户以及国家、地方和联邦政府机构。很多发生在交互界面上的跨越系统边界的交换过程，都涉及能量、材料、人员、金钱和信息的转化。

注释

27. James G. Miller, "Living Systems: Basic Concepts," *Behavioral* Science, July,1965, p.195.
28. Walter Buckley, "Society as a Complex Adaptive System," in Buckley [Walter Buckley, ed., *Modern Systems Research for the Behavioral Scientist*, Chicago: Aldine, 1968],pp.490-491.
29. Rice[A. K. Rice, *The Enterprise and Its Environment*, London: Tavistock, 1963], p. 182.
30. Katz and Kahn [Daniel Katz and Robert L. Kahn, *The Social Psychology of Organizations*, New York: Wiley, 1966], P.60-61.
31. 同上，pp60-61.
32. 该观点引自Rensis Likert *New Patterns of Management*, McGraw-Hill Book Company, NewYork, 1991。在他的交互影响系统中，他建议重叠的组织可以作为整合组织中各子系统活动的“连接销”。

第4章 “其他一切：扫描环境”

帮助我将无限的环境缩小到可管理的理念的，是一本最短也最有影响力的书籍《组织行动》，由James D. Thompson所著。本章选取的内容阐述了James D. Thompson有关“领域”和“任务环境”的概念，以及它们如何影响输入和输出。

组织行动领域[1]

James D. Thompson

为核算汽车生产的时候，我们必须考虑矿石和石油的开采，石油的提取和精炼，以及橡胶及合成橡胶的生产。如果一辆汽车要驶出工厂，这一切都是至关重要的。在生产过程中，公司也可能获得其他方面的贡献，例如，从制造加工设备和传送带把原料传送到工人那里。和其他公司相比，包含在边界范围内的一些汽车制造商，这些活动是根本。但没有一家是自给自足的。

考虑一下治疗疾病的技术，我们以一家常规医院为例。医院需要依赖一系列复杂组织进行研究、制药、运输、储存和药物准备。医院不仅需要使用医学院和护理学校（可在医院内注册）的产品，而且需要制造X射线设备的工厂、生产床单的工厂。不同的医院需要的必要活动程度有所不同，但它们也没有一家是自给自足的。

钢铁产品的整体生产技术包括矿石的发现和提取，要运输到熔炉和能源集中的地方，要将矿石加工成钢材。最后，还要将钢制加工成最终消费品。钢铁行业内的组织必须主动分出一部分精力来建立一些基础设施和边界。涉及矿石的开采、运输和钢材基本加工的组织很少会将钢转化为最终使用的产品。无论如何，钢铁企业在整个生产过程中都需要依赖他人。

---

1 *Organizations in Action* by James D. Thompson. Copyright © 1967 by McGraw-Hill Book Company. 经 McGraw-Hill Book Company 许可使用。

最关键的一点是，所有组织必须建立Levine和White（1961年）所说的“领域”。他们在研究社区卫生机构之间的关系时发现，领域是由（1）覆盖的疾病，（2）服务的人群，（3）提供的服务组成的。在定义的说明中可以做适当修改，例如，将“产品范围”替换为“覆盖的疾病”。领域的概念对于分析所有类型的复杂组织很有用。因此，尽管大学都是大学，但它们的领域范围可能相当大：有些大学提供天文学课程，而其他不提供；有些大学为当地居民提供服务，而其他为国际人士提供服务；有些提供学生住宿和研究生教育，而其他不提供。从领域的角度来说，石油行业没有两家公司是完全相同的。有些提炼石油、汽油和其他衍生品，而有些则购买和销售石油。有些在特定地区运作，有些在全国或国际范围内运作。有些使用信用卡交易，有些只能用现金交易。同样地，监狱虽然是监狱，但是领域概念会帮助我们从不同领域的角度来进行恰当的比较。

领域、依赖与环境

组织行动的结果并不是靠单一技术，而是由一系列简单技术组成的技术矩阵。复杂技术会结合其他技术的产品或结果。虽然某个特定组织可以操作几个核心技术，但它能涉及的领域总是小于整体需要的技术矩阵。因此，组织的领域确定了组织依赖于环境输入的点。环境的组成、组织在环境中的位置，决定了组织需要依赖谁。

组织会发现，自己需要很多支持，有些支持只有单一渠道，有些支持可能由多个渠道提供。环境对组织提供的支持可能是分散的也可能是集中的，可能有竞争也可能没有竞争。如果组织的需求是独特的，我们可以说，对输入的需求是集中的。如果还有很多其他人有类似的需求，我们可以说，需求是分散的。

类似的区别可以在组织的输出层面形成。组织环境可能包含一个或多个潜在客户，该组织可能独自为客户提供服务，也可能是众多服务客户的组织中的一个。

环境的支持程度对组织也很重要。一个城市综合医院可以从环境部门获取财务支持，从另一个部门获取人员支持，而客户群可以从另一个部门获得资金；这些要素之间如果不是医院，可能没有相互作用。但是，在社区综合医院你会发现，必要的各部分在功能上相互依存，并定期与经济、娱乐和政府事务等领域进行互动。

公立学校会发现其客户和财务支持者很集中，且两者相互关联。市立学校可能有类似的情况，而私立学校可能从非常不同且分散的渠道获得财务支持、学生资源、教师资源和研究数据。

任务环境

这里，环境的概念是指除了组织内部以外的所有部分，它指的是“其他一切事物”。为了简化我们的分析，我们可以采取Dill（1958）所使用的任务环境的概念来表示环境中“目标设定和达成相关或可能相关的”部分。Dill发现挪威两家公司的任务环境由四个主要部分组成：（1）客户（包括经销商和用户）；（2）供应商或材料、劳动力、资本、设备和工作空间；（3）市场和资源上的竞争对手；（4）监管组织，包括政府、机构、工会和行业协会。我们做一些恰当的修改（例如，在某些情况下用“用户”代替“客户”），任务环境就成了一个很有价值的概念，并且范围比环境大得多。我们现在正在与环境中的各类组织合作，这些组织对目标组织产生影响；Evan（1966）采用术语“组织集合”来表示这一目标。

［剩余的环境可以被搁置一段时间，但我们不能将其抛弃，原因有两个：（1）文化和模式以重要的方式影响组织；（2）任务环境以外的环境，可以构成一个领域，未来某个时候组织可以进入该领域。我们稍后会考虑这两方面的问题。］

没有两个领域是相同的，也没有两个任务环境是相同的。人、其他组织、聚合方式如何构成特定组织的任务环境，取决于技术的要求、领域的边界以及更大的环境。

任务环境和领域共识

领域的建立不是一个任意的、单方面的行为。只有当组织对相关领域的请求被任务环境下能够提供必要支持的方面承认时，一个领域才能运转。一个组织和它的任务环境之间的关系本质上是一种交换，除非与组织有联系的人认为组织提供了令人满意的东西，否则组织不会获得生存所需的输入。

Levine和White在研究中把医疗健康组织的交换分成了三类：（1）转诊情况下的客户或患者；（2）提供或接受劳务服务，包括使用志愿者、借调人员，以及向其他组织的人员提供指导；（3）提供或收到的其他资源，包括资金、设备和技术资料。交换的详细类别因组织类型的不同而不同，但他们指出，在每种情况下，交换协议取决于各个领域之前的共识。

领域共识的概念为我们分析组织行动提供了一些特殊优势，因为它使我们能够处理运营性目标（Perrow，1961a），而不用为组织输入人性化的激励要素，也不用非要去形成团队精神，这两个与组织目标有关的基础已经受到质疑。

领域共识为组织成员和其他参与互动的人定义了一系列期望。它给组织提供了一个在更大系统中的角色，这个角色让组织可以反过来为更大的系统满足某些方面的需要。使用领域共识的概念，我们不必假设图表、公司章程或机构广告对目标的正式陈述，就是组织判断合理性并选择行动方案的标准。我们也不需要接受盈利才是企业的目标这样的意识形态。领域共识的概念可以明确与个人目标或动机进行区分。如果不考虑领域共识，医院人员在某种程度上会把他们的组织设想为以医疗保健为导向的组织，在与他人互动的时候强化这个认知。监管机构的人员同样会为其组织的管辖权进行设想，汽车制造公司的人员会将车辆的生产和销售作为组织存在的理由。

相互依赖的管理

复杂组织的任务环境是多方面或多元化的，由多个可以识别的与领域共识相关的部分组成。即使嵌在极权政治经济体系中的组织，也是如此。对于任何特定组织，似乎都有一些输入的替代来源；所需的几种输入属于不同国家机构的管辖范围；也存在输出的多种替代形式。（Berliner，1957；Granick 1959；Richman，1963）

这种多元化的任务环境对于复杂组织而言极其重要，因为它意味着一个组织必须与多种元素进行交换，这些元素自身本就与相互依赖的网络相关，有自己的领域和任务环境。在解决问题的过程中，任务环境的元素会发现，它有必要停止对组织的支持。因此，任务环境会对组织带来偶然性。

任务环境也会给组织带来限制。如果任务环境缺失支持组织的能力和可行的方案，就会对组织形成绝对限制。关于限制的最明显案例可能来自受特定人群控制的政府组织。公立学校在强制性人口制度的管制下，可能失去一些成员，但它无法迁移到另一个社区，它必须待在原地，进行调整和适应。即使世界大国，其驻外的办事处也无法选择谈判的地点。被限制的组织要以子公司或卫星公司的名义，或者以为单一买方而生产的公司等形式存在于商业世界中。Carlson（1964）指出，某些组织无法控制客户的选择，同样客户也没有选择权。他称其为“家养组织”，因为它们不需要满足谁的需求，社会保证了它们的存在。

由于一个组织在任务环境上的依赖性，不仅产生了限制，而且具有偶然性，这两点都干扰了理性的实现，因此我们期待受制于理性规则的组织可以尝试管理这种依赖性。

参考文献

Berliner, Joseph S. : *Factory and Manager in the USSR*, Cambridge, Mass.: Harvard University Press. 1957.

Carlson, Richard O.: "Environmental Constraints and Organizational Consequences: The Public School and Its Clients," in *Behavioral Science and Educational Administration, 1964*, Chicago: National Society for the Study of Education, 1964.

Dill. William R. : "Environment as an Influence on Managerial Autonomy," *Administrative Science Quarterly*, vol. 2, March, 1958, pp. 409-443.

Evan, William M. : "The Organization-set: Toward a Theory of Interorganizational Relations," in James D. Thompson (ed), *Approaches to Organizational Design*, Pittsburgh, Pa: The University of Pittsburgh Press, 1966.

Granick, David: *Management of the Industrial Firm in the USSR*, New York: Columbia University Press, 1959.

Levine, Sol, and Paul E. White: "Exchange as a Conceptual Framework for the Study of Interorganizational Relationships," *Administrative Science Quarterly*, vol. 5, March, 1961, pp. 583-601.

Perrow, Charles: "The Analysis of Goals in Complex Organizations," *American Sociological Review*, vol. 26, December,1961a, pp.854-866.

Richman, Barry M. : "Managerial Motivation in Soviet and Czechoslovak Industries: A Comparison," *Academy of Management Journal*, vol. 6, June,1963, pp.107-128.

第5章 正式与非正式系统

在本章中，Neale Clapp给我们一个关于航空维修部门的正式系统和非正式系统之间的差异的例子。在这个例子的基础上，他建议使用“团体规范”的概念来诊断非正式系统。

诊断非正式系统[1]

Neale Clapp

提高组织有效性的努力一般从分析正式的组织结构开始。人们会尝试在角色、责任和权威方面进行变化，希望带来绩效的提升。即使改变发生了，也经常会有潜在怀疑：“这里并没有任何变化。”

请看下面的例子。

对于大型航空公司来说，地面飞机损坏是造成损耗和成本的主要原因。尽管每年都进行训练、成本管理和管理训诫，飞机损坏仍然是一个顽固问题。改善“问责制”的努力导致大量的表格和统计数据涌入，不意外地，高度的防御产生于每个带来损害的团队（工程、车队服务、坡道服务、维修等），他们都试图“盖住”自己。“逃避责怪”的行为越来越多，而不是减少损害。

“准时起飞”这个标准决定了管理的优先级。正式系统中的奖励和惩罚都体现了这一点，如果不符合这个标准，相应的纪律是严厉的。每个责任方都要求达到这个标准，甚至忽视或掩盖了造成飞机损坏事故的事件或条件。在某些情况下，机械师把替换下来的螺母和螺栓掉落在跑道上，后来被喷气发动机吸入。有时候机身的损害是技术人员匆忙赶工导致的。

当管理层最大限度地减少飞机损坏的时候，没有识别和承认优先级上的

---

1 Neale W. Clapp, *Workgroup Norms: Leverage for Organizational Change*, Part 1-Theory. Block Petrella Associates, 1976. 经许可使用。

冲突。调查飞机损坏来源的工作人员报告了管理条例和优先事项之间的冲突。在最近一次报告里，损害继续有增无减，同时管理层也准备发起新的改进运动，包括“可视化的提醒”。

正式的系统决策

1.“准时起飞”标准决定了业务和组织的优先级。

2. 安全要求需要高度的职能责任。

3. 组织认为采取消极的制裁措施来保证标准执行是必要的。

非正式的系统结果（意外结果）

1. 其他必要的飞行预检功能被忽略，与其他事项相冲突（飞机损坏和清洁）。

2. 各个单位在逃避责怪和防御行为上花费精力，职能之间缺乏整合。

3. 单位和个人认为对于能力要有小的奖励或许可。

非正式系统由团体成员不成文（通常也不会说出来）的规则组成。这些不成文的规则称为团体规范。

团体规范的概念

团体规范是团体对其成员期望的行为标准。遗憾的是，“团体规范”一词容易被理解成行为的“平均值”。这个定义的关键词是“期望”。这个概念并不意味着团体成员的平均行为，更准确地说，是对团队中任意成员的期望。团体规范是一种非正式的标准（通常是隐含的），使得团体能够评估和控制成员行为。“在团队成员对这些期望达成一致意见之前，就无法形成有组织的互动基础”[3]（规范和目标）。

在进一步探究这个概念之前，我们来看两个典型的团体规范及对个人影响的例子。例如，某个工作团体的咖啡休息时长是如何构成的？规定的时间可能是10分钟，每天两次，但在实际情况中，休息时间长短在很大程度上取决于团体。可能被“延长”到12或15分钟，来拒绝对管理的服从。如果团体被“强制”要求10分钟，那么会产生一个新的规范（在团体的支持下），例如，在午餐时间鼓励2~5分钟的额外时间。

在很大程度上，规范由团体控制。工作团体将重新诠释或操纵管理行为或意图，以保持规范所服务的期望。在这种情况下，咖啡休息时间的规范可能由于各种原因而存在。也许员工需要非正式的机会进行社会交流，也许是为了满足归属感的需求，也许是一种抵制团体认为的其他关于时间的不公正政策，也许他们的工作是常规的或单调的，而这个休息使他们的工作更有成效。无论这个特定规范的潜在来源如何，都可以假设在某种程度上，它是为团体成员的需求服务的。在某些情况下，规范可能从较早阶段就服务于需求，即使原本的理由已经不在，但是规范仍然存在。

团体规范不应该被认为是组织成员表达自己的意愿或蔑视正式程序的颠覆活动。团体规范也可以提高生产率。例如，某个公司管理者的规范是，如果出现危机就“跳过”假期。在随机抽样中，90％的管理人员是这么做的，尽管公司有明确的制度表明假期的必要性。

认识团体规范

可视化规范的一种方法是想象一个可能行为的连续性，并确定该团体的期望和行为处于连续体的什么位置。例如，所有组织都会规定不准偷盗。但实际上，大多数组织都会承认组织内有一定程度的盗窃。这种“盗窃”范围可能把公司电话做私人用途，使用公司的小型文具和邮票等，报销账单上作假，把病假用于个人假期等，严重的情况是贪污或盗窃公司财产。

图1显示了一个假设的连续体，曲线代表组织成员对整个组织中盗窃的接受程度。

很明显，成员认为确实发生了一些盗窃。请注意，虽然没有共识，但在文具盗窃和报销单上作假具有团体趋势。如果事实上这是团体规范，那么那些超越它（偷得更多）的成员就会被同事谴责。偷窃更多的人，将感受到同事的愤怒，即“你会让我们都偷不到”。同样重要的是，另一方面，如果有人不把公司电话做私人用途，也会感受到不满的压力，即“你会让我们都偷不到”，或者会被称为“伪善者”。

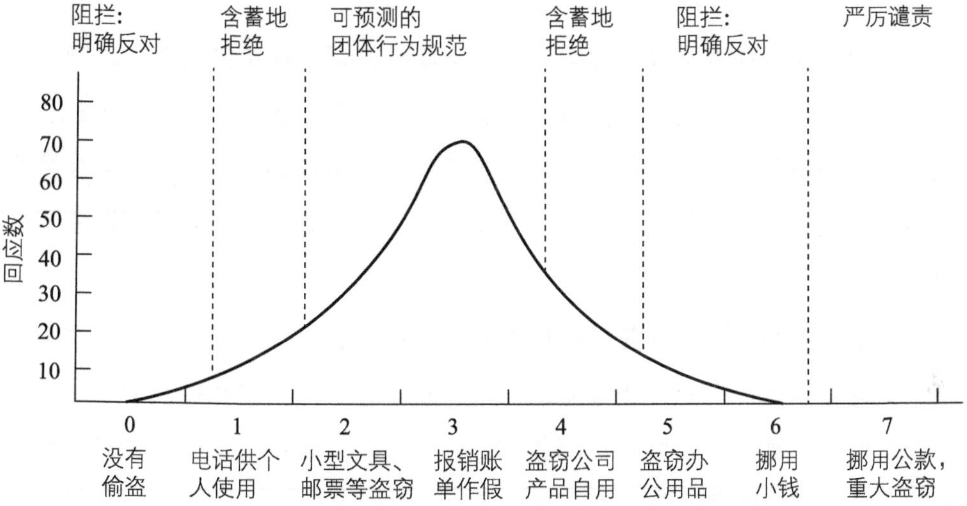

图1　随着成员的行为远离预期，不赞成的程度也越来越明显

因此，团体规范往往控制成员行为，不管后果是积极的还是消极的。如Schein所说：“一个规范可以被定义为团体或组织的成员对什么样的行为是对或错，好或坏，适当或不适当，允许或不允许的假设或期望。”[4]

表明团体规范存在的典型陈述包括：“这是我们在这里做事的事方式。”“听着，在这里我们每个人都……”“我们深信……”因为它听起来应该是某个样子，或者是团体想要外部世界相信的样子，而非实际的样子，除非有观察到的行为作为支持，不然可能无法作为团体规范的表述……

规范的来源和性质

规范通常经过相对较长时间的演变，并没有关于它们存在的明确表述。团体规范的一些要素如下：

规范会以“好”的理由存在。规范的形成，满足了团体的一些需求。它们不是随机的，尽管现在可能与它们原始目的不再相关，也可能已经不合时宜。规范也可能是因为某些“意外的”发生，群体发现这对群体是有利的。

例如，生产工人可能发现一个捷径，使他们能够更轻松地完成工作。顺便说一下，在这种情况下的另一个规范可能是不告诉管理层，因为这可能导致更多的工作，或降低生产率等。

不同的规范具有不同的强度，取决于团队的需要和工作的需求。例如，相对于“可接受的”生产力的规范，穿着的规范会更容易被违反。所有规范的重要性都不同。因此，很少有成员坚决脱离团体规范。对于团体生存至关重要的规范，成员可能有很清楚的认识。不了解次要规范、违反预期的人引发的不满意会少一些。

根据个人的需要，规范发挥作用的程度不同。一些个人团体成员比其他成员更遵守规范。有些会更频繁地扮演“规范破坏者”的角色。遵从团体规范去个性化的程度在不同成员间差别很大。通常，那些对该团体最具有影响力的人具有破坏现有规范或制定新规范的能力和权力。

规范是持久的，只要他们有团体的支持，就能抵抗变化。规范为成员提供指令和可预测的功能。它们抑制混乱，使成员能够找到“靠山”。在新形成的团队中，不难观察人们为了确定在团体中生活的规则所消耗的能量。个人对接纳或拒绝的信号高度敏感，并通过澄清期望，增加彼此的舒适度。新成员会尽快学习“这里什么能做、什么不能做”，或者“风是怎么吹的”。

规范有助于保持团体的凝聚力并尽量减少外部威胁。在大型组织中，个人觉得需要依附于为他们提供亲密、安全和熟悉感的团体中。大型组织会让个体没有特色，人们会依赖于较小的团体。团体也可能通过“我们—他们”的动态增加个人安全感。规范可能从组织中有声望的成员的行为示范而来，也可能从引起其他成员相信的重复行为中来，“如果他这样做，我也可以这么做”。

对管理行动的影响

大多数管理者会根据自己的经验，了解了团体规范的力量。遗憾的是，这种力量很少被用来支持组织目标。本文的意图是提供一个适当的参考框架，帮助更好地解释和理解看似随机的个人行为。

注释

3. A. Paul Hare, *Handbook of Small Group Research*, New York: Free Press 1962, p.47.

4. Edgar Schein, *Process Consultation: Its Role in Organizational Development*, Reading, Mass.: Addison-Wesley, 1969, p.59.

第6章 目的——谁是客户

节选德鲁克的思想是很困难的。他的作品高度结构化、用例严谨，充满深邃的见解，我不知道要怎么取舍。本章选取的“企业目标和企业使命”很有实质意义，是我看到的有关这个主题最有启发性的说明。本章来自他的经典著作《管理：使命、责任与实践》，这本书有60多个章节，都极具说服力。

企业目标和企业使命[1]

Peter Drucker

我们知道的每位伟大企业的创办人（如美帝奇家族、英格兰银行的创始人、IBM的Thomas Watson）都有明确的理念和经营理论来指导他们的决策和企业行动。一位真正成功的企业家清晰、简单、透明的业务理论，而不是直观的特征描绘了真正成功的企业家，他们不仅积累了巨大的财富，而且建立了即使他们离开以后仍可以持续和成长的组织……

如今的经营理论总是显得老旧陈腐，通常很快就被淘汰。除非企业已经创建的基本概念是可见的、清晰的并且能够明确表达出来，否则企业只能任凭世事摆布。如果一家企业机构不明确自己的实质，不明白自己的使命，不明白自己的基本概念、价值观、信念，这种企业就不可能理性地改变自己。即使最辉煌的企业理念也会过时，亨利·福特的历史已经证明了这个教训——从它能够改变经济和社会到它被淘汰，不过区区15年。

只有企业在其目标与使命上具备清晰的定义，才能有清晰而现实的经营目标。这不仅是企业战略、规划与工作分配的首要根基，也是管理工作构思的起点，更是管理结构设计的出发点。结构服从于战略。企业战略决定现有

1 “Business Purpose and Business Mission，” in *Management: Tasks-Responsibilities-Practices* by Peter F. Drucker. Copyright © 1973， 1974 by Peter F. Drucker. 经 Harper & Row，Publishers，Inc. 许可使用。

企业的关键活动，企业战略要求对“我们的事业是什么以及我们的事业应该是什么”深谙于心。

经营者的谬误

迄今为止，管理学与经济学的文献大都重视企业经营理论，主要在于满足企业高层领导或企业高管团队中一小群尖端领导者的需要。

这一点在德国传统中是最为突出的。德语中的unternehmer（独裁经营者）就是针对高层领导者说的，尤其是指向拥有企业所有权的高管说的；在一家企业中，只有企业主一人掌握企业的所有事情，也只有他能够做企业决策；其他人都只是“技工”而已，他们按照最高领导的规定来执行任务。其他人无须了解企业的使命与目标。创业精神和企业使命是秘诀，不宜泄露给企业主以外的人，甚至一般的管理者和专业人士……

与以往的组织形成鲜明对比，今天的企业，甚至包括当今的医院或政府部门，吸纳了大批高知识与高技术的人才，广泛涉及组织的各个层面。高知识与高技术的人才意味着他们对如何开展工作以及如何做管理决策具有影响力。无论组织形式如何，他们都不可避免地做些冒险的企业决策。即便计算机系统也不能改变这个事实。实际上，计算机系统反而会促进高层管理的决策制定更加依赖较低层级的贡献，也就是说，高管层面的决策通常基于较低层级的员工所做的资料分析。

20世纪50年代初期，当计算机刚进入人们的视野时，大家听到的大量消息是计算机将会取代中层管理者。但事实与人们的猜测正好相反，20世纪五六十年代，在所有发达国家中，计算机时代孕育并培养了巨大的中层管理者。更有甚者，与传统中层管理者不同的是，绝大多数新生中层管理者成为组织决策的制定者，而不是像以往那样只是高管决策言听计从的“执行者”。

作为结果，影响整个企业决策以及决策执行力的是来自该组织所有层级的员工，而非集中于少数人的高管层级，甚至最低层级的员工也有可能参与企业决策的制定。企业的诸多风险决策——做什么或不做什么，哪些需要继续做，哪些需要抛弃并另找出路，生产什么样的产品，市场营销策略或者技术革新，甚至哪些技术需要忽略等等，都是今天企业面对的现实，尤其是大型企业要面对的现实。这些决策的制定成为企业不同层级员工的主要工作，犹如家常便饭；这些决策的制定已经不再拘泥于传统的管理头衔或职位，如高级研究员、设计工程师、产品规划师以及税务会计师等。

这些决策都基于他们各自的企业经营理论，有时甚至基于一些不清晰的理念。每个决策都是在现实的基础上所做的假设，既有来自企业内部的斟酌，又有来自企业外部的考量。每个人都假设企业想要的某些成果，其他成果并不是特别需要。例如，每个人都深知，“降低产品价格不会创造新的需求”，或者“我们做这项业务”“我们不做那项业务”。换言之，每个人都必须回答同样的问题：“我们的事业是什么？”“它应该是什么？”所以除非企业本身，即企业高管，必须对这些问题做深入思考并拟订答案，否则企业决策制定的参与者——企业上上下下的员工——会深陷混乱的、不同的、相互矛盾的甚至彼此冲突的理论中做决策与行动。他们将走向不同的方向，而且他们会对各自的分歧毫无察觉。更有甚者，他们可能会在错误的、偏离正道的经营理论中做决策与行动。

整个组织必须有共同的愿景、共同的理解、统一的方向与努力，这些都要求我们必须对“我们的事业是什么”“我们的事业应该是什么”做出严谨细致的定义。

“我们的事业是什么”——不清晰

有时人们会觉得，没有什么问题比“我们的事业是什么”更加简单明了的了。钢铁厂炼钢铁，铁路公司经营货物和旅客运输，保险公司经营承保火灾风险，银行则经营借贷钱款，如此而已。但事实没这么简单，“我们的事业是什么”一直是个难以回答的问题，正确的答案通常不是人们想象的那样显而易见。

最早的也可能是最成功的答案之一差不多来自70多年前美国电话电报公司（也以“贝尔系统”而闻名）的西奥多·韦尔（1845—1920）：“我们的事业是服务。”这个答案乍听起来似乎觉得平淡无奇，但其基于两个重要认识：一是电话系统是个自然垄断的系统，很容易让人联想到国有化；在一个工业化高度发达的国家，私营电话公司是另类企业，想要生存下去，它必须博得社群的广泛支持。二是必须先认识到，社群的支持既不能通过宣传活动来获得，也不能依靠攻击性的批判来成就。赢得社会认可的唯一途径是“创造客户满意度”。这个认识意味着企业政策必须经历“激进式创新”；这个认识意味着企业必须对所有员工进行持续教化，让他们具有“一切为客户服务”的奉献精神，让他们意识到公共关系的主旨是“服务”；这个认识意味着企业必须强调发挥调查研究与技术作用；这个认识还意味着企业高管必须在金融政策上做出调整，努力寻找必要资本为任何有需求的地方提供恰到好处的服务，同时提升企业的投资回报率。如果没有在电信国有化上做严肃尝试，如果没有在1905—1915年对自身企业做深入细致的分析，美国电话电报公司很难度过罗斯福新政。

西奥多·韦尔所提出的“我们的事业是服务”的宗旨引导了他的公司近70年，直到20世纪60年代末。他对“我们的事业是什么”给出的回答可能是最长寿的答案。美国铁路运输部门从未想过如何恰当定义自己的企业，这正是他们自第一次世界大战以来一直深陷于不断涌现的重重危机之中的主要根源；而且他们还有一个最大的软肋，那就是几乎完全丧失了社区支持……

高管的首要责任就是回答“我们的事业是什么”。实际上，明确一项特别工作是否应该是高管的责任，就是去询问企业所有者是否真正关心这项工作，是否回答这个问题并为其负责。只有高管能够确定这个问题应该受到重视，而且确信答案言之有理并在此基础上筹划企业经营方向和设定企业目标。

很少有企业认真细致地考虑企业的目标与使命，这是导致企业受挫甚至失败的最重要原因。相反，像美国电话电报公司或者西尔斯等杰出企业，它们的成功很大程度上是因为高管能够清晰且慎重地提出“我们的事业是什么”，并且能够深思熟虑地给出合理的答案。

但是，一些原因导致管理层回避了这个问题。首要原因是这个问题容易引发争议、争论，甚至冲突和异议。

提出这个问题常常会导致高管内部意见分歧甚至分裂。肩并肩战斗多年的同事，他们会自然地觉得对彼此知根知底，但这个问题的提出让他们突然惊讶地意识到彼此之间在思想上有很多不同。

不同意见的必要性

大多数管理者会对不同意见畏缩不前，因为他们担心分歧导致团队不和睦而且痛苦不堪。但决定“我们的事业是什么”是个重大的决定；这个决定必须基于许多不同的观点，然后才有希望融和不同见解而做出正确的、有效的决策。这个问题的答案一直是在诸多备选方案中所做出的选择，而备选方案都基于企业现实的不同假设和环境判断。这种选择是高风险的选择，会导致企业目标、战略、组织以及企业行为的变化。

企业决策非常重要，因此不能通过口头表决方式来制定。当然，无论如何最终总是要做决定的。但这种决定必须基于对所有备选方案所做出的理性抉择，而不是通过排斥不同观点和反对意见来获得。

实际上，把不同意见公开化是有益的，这是向管理的有效性迈出了一大步。这样的做法恰恰能够促使高管团队团结一致，因为每个成员都能够认识到该团队内部存在的基本差异，因而所有成员更加容易达成同事间的相互理解和彼此激励。相反，对企业关键定义的不同意见采取隐藏或一知半解的态度势必导致人格问题、沟通问题以及令人愤怒的事情发生，而这些正是致使高管团队分裂的真正原因。

在高管团队中对“我们的事业是什么”保持不同意见是重要的，因为“正确答案从来就不止一个”。这个问题的答案从来就不是从“某种假设”

或“某些事实”所产生的必然结论。它需要相当大的勇气并做出合宜的判断。真正的答案很少追逐“众所周知的道理”。真正的答案从不应该根据“貌似可信”就能获得，不应该来自“快速草率”决定，也不应该“毫无费劲”就轻松达成。

方法而非观点

高管之所以未能勇敢提出“我们的事业是什么”，另一个原因是他们不愿意聆听他人意见。每个人对这个问题都有自己的看法，但高管的问题在于他们根本不喜欢聆听大众争辩和参与自由讨论。

界定“我们的事业是什么”需要合适的方法。当然，也是需要不同观点的，而且总是不可避免地出现不同观点，所以需要把各种意见集中于一个特定的中心论题上，以便形成实际生产力。

关于企业目标与企业使命的定义，只有一个焦点，也只有一个起点，那就是“客户”。

“客户定义企业”。一家企业不是由名称、章程，或者条例来定义的，而是由购买产品或服务时期望得到满足感的客户来定义的。满足客户需求是每一家企业的目标和使命。因此，“我们的事业是什么”只能从企业外部加以观察，从客户与市场的角度加以回答。无论在什么时候，管理者都必须把客户所见、客户所想、客户所信、客户所求视为客观事实，而且必须把这些当作销售员的报告、工程师的测试、会计师的数字一样严肃对待。管理者必须有意识地努力从客户那里获得答案，而不是试图去揣摩客户的心思。

管理者总是认为自己企业的产品和服务是重要的，如果不是这样，企业高管就会觉得没做好工作。然而，对客户而言，产品、服务甚至公司并不那么重要。公司高管一直倾向于认为客户会花时间讨论他们的产品。可事实并非如此。举个例子来说，有多少家庭妇女会彼此讨论她们洗好的衣服有多么洁白？但如果有某种品牌的洗洁剂质量非常差，她们就会更换另一种品牌的洗洁剂。客户仅仅想要知道产品与服务对他们的实效。客户所在意的是各自的价值、需求和现实。仅仅为了这个理由，任何严肃尝试回答“我们的事业是什么”的努力，都必须从客户着手，考虑客户的现实、处境、行为、期望以及价值观。

谁是我们的客户

在定义企业目标与企业使命时，“谁是我们的客户”是首要的、决定性的问题。回答这个问题并不容易，答案不可能是“显而易见”的。在很大程度上说，如何正确定义企业取决于如何正确回答这个问题。

原则上说，消费者（consumer），即产品与服务的最终用户，就是客户（customer）。但消费者并非都是客户，企业通常至少有两种客户，有时更多。每种客户定义不同的企业，具有不同的期待、不同的价值，购买不同的产品。然而在回答“我们的事业是什么”时，企业必须满足所有客户。

“谁是我们的客户”这个问题的重要性以及对此问题深思熟虑之后的回答所带来的影响力是可以见到的，从第二次世界大战时开始的美国地毯产业的经验就是其中一个例子。

地毯产业是个古老的产业，少有魅力，也无须尖端技术。但在第二次世界大战以后的美国经济中，它在市场营销领域却取得了出色的成就。在20世纪50年代前，地毯产业已经连续30多年呈现稳定的、长期的、明显的衰退趋势。然而出人意料的是，在第二次世界大战后短短的几年中，地毯产业完全扭转了这种颓势。即便在50年代前建的“好”房子中，按照当时的条件，在客厅中也就最多铺上一张便宜的小地毯而已。但如今，即便廉价的民宅，甚至包括大多数的移动房屋，所有房间甚至包括厨房和浴室的墙壁上几乎都挂满了中等品质的毛毯。如今，在家居装修消费中，地毯装饰的花费日益上升。

铺设地毯是改变家居外观与舒适的少数方法之一，对那些廉价的小型住户而言更是如此。地毯制造商已经通过广播节目灌输这个观念数十年，但对客户行为的影响收效甚微。只有当地毯产业停止灌输游说和强硬推销并转向深思熟虑“谁是我们的客户”与“我们的客户应该是谁”时，他们才扭转了颓势并获得成功。

传统上，地毯制造商通常把“房主”界定为他们的客户，特别是那些购买第一处房屋的新婚家庭。但在人生的这个阶段，年轻夫妇通常因经济拮据而无力购买奢侈品，他们不得不延迟购买地毯——而这种情形意味着他们可能根本不会购买地毯。当地毯产业提出并斟酌“谁是我们的客户”和“我们的客户应该是谁”之后，他们意识到必须想方设法促使建筑业者成为他们的客户。因而必须促使建筑业者在新房屋建筑时就考虑把地毯融合其中，这就意味着地毯产业者必须从推销单块地毯转向销售整个房屋使用的地毯。在传统的家居装饰中，建筑业者必须铺设昂贵的、完全装饰好的地板；而如果整个房屋铺设地毯，建筑业者则只需要廉价的、无须完全修饰好的地板；这样建筑业者就等于用较低的成本盖了更好的房屋。

地毯产业更进一步认识到，必须促使新房主以按月支付抵押贷款的方式来偿还地毯铺设费用，而不是像以往那样在他们缺钱时依然要求他们一次付清。因此，地毯产业努力说服贷款机构（尤其是提供住房抵押贷款保险的政府机构，如联邦住房管理局）接受地毯铺设费用作为居民住房资本投资的一部分，因而自然成为抵押贷款价值的一部分。最后，地毯产业重新设计产品以促使建筑承包商为他们的客户，也就是“房主”，选购合适的房子。今天，卖家为购房者提供款式与颜色各异的地毯，但基本上只有三个品质级别：“好”“更好”“最好”。在每月按揭付款中，它们之间的差异实际上非常小，结果是显而易见的：大多数房主至少订购“更好”品质的地毯。

这个故事告诉我们：关于“谁是我们的客户”，正确答案通常是“有多种客户”。大多数企业至少有两种客户。地毯产业拥有建筑承包商和房主两种客户。

只要市场上有地毯销售，这两种客户就是买家。品牌消费品的制造商总是至少拥有两种客户：家庭主妇和杂货商。如果杂货商不进货，而家庭主妇又热切想要购买，那么制造商便无所获益。相反，如果杂货商把品牌消费品展示陈列出来，但家庭主妇不想购买，同样制造商也会一无所获。

一些企业的两种客户彼此并没有关联。保险公司的业务以销售保险为主，但是保险公司也可以是投资者。实际上，保险公司最好应该被定义为“把社群储蓄引到生产率投资的渠道”。保险公司的业务需要两种定义方式，因为它必须满足两种不同的客户。无独有偶，商业银行需要存款人与贷款人，二者中任何一方缺失，银行就无法运作。即便存款人与贷款人是同一个人或同一家企业，他们也会有不同期待，从而他们对银行业务的定义也会完全不同。满足客户不能厚此薄彼，否则银行将毫无业务成果可言。

韦尔在对贝尔电话公司的业务界定中，最大优势之一便是对两种不同客户的接受：电话用户与各州政府的调节机构。电话公司必须为这两种客户提供服务并必须同时让他们满意。然而，这两种客户在价值观、需求、期望以及行为上存在广泛差异。

另一个同等重要的问题是：“客户在哪里？”20世纪20年代，西尔斯的成功秘诀之一正在于它发现了旧有客户搬到新居：农民已经不再固定购物，他们开始进城购物了。西尔斯差不多比其他大多数美国零售商早20年意识到这个问题，并且意识到商铺地点的选择是企业的主要决策，这也是回答“我们的事业是什么”的主要因素之一。

在过去的20余年中，美国在国际银行业中的领导地位主要不是因为优势资源；在很大程度上，应该是他们对“客户在哪里”进行深思熟虑的结果。一旦这个问题被提出来，一切似乎就清晰起来：原有的老客户，也就是那些正在趋向于跨国经营的美国企业，不得不从多个不同的地方，而不是只从纽约或旧金山总部，服务整个世界的客户。服务于新的跨国客户的资源不是来自美国，而是来自国际市场本身，最重要的是欧洲和欧洲美元市场。

下一个问题：“客户购买什么？”

凯迪拉克的员工宣称他们制造凯迪拉克汽车，他们的企业被冠名为“通用汽车公司凯迪拉克分部”。难道一个人花费7000美元购买一辆崭新的凯迪拉克是在购买运输工具吗？或者他主要是在购买荣誉？难道凯迪拉克是在与雪佛兰、福特和大众竞争吗？尼古拉斯·德雷施塔特，一位德裔维修技工，在20世纪30年代的经济大萧条中接管凯迪拉克时这样回答道：“凯迪拉克的竞争对手是钻石与貂皮大衣。凯迪拉克的客户所购买的不是‘运输工具’而是‘身份地位’。”这个回答拯救了行将颓废的凯迪拉克。差不多两年后，凯迪拉克在经济大萧条时期展示出了出色的成长。

什么是客户认定的价值

关于企业目标与企业使命的话题，我们需要认真对待的最后一个问题是：“什么是客户认定的价值？”这可能是最重要的问题。然而，这也是个容易被人忽略的问题。

被人忽略的原因是管理者都很确定他们知道答案。在他们的企业中，他们把“价值”定义为“品质”。但这个定义往往是错误的。

举例来说，对一个青春少女而言，一双鞋的价值就是高度时尚，鞋所体现的价值在于它能够“时尚”。鞋的价格是次要考虑，鞋的耐久性根本算不上价值。几年后，当这个青春少女长大成为一名年轻母亲时，高度时尚便成为她的限制，当然她也不会购买一些过时老土的东西，但她会更加关注产品的耐久性、价格和舒适度等。同样一双鞋，对青春少女而言是最值得购买的，但在年长的姐姐眼中却毫无价值可言。

制造商倾向于把这种现象理解为“非理性行为”。但我认为，首要原则是“根本没有非理性的客户”！客户几乎毫无例外地根据他们各自的现实与情况来购买产品。高度时尚对青春少女而言就是她们的“理性”，而按照惯例，她们的其他需要，诸如食物和家居那是她们父母操心的事。高度时尚对年轻的家庭妇女来说是限制，因为她需要做开支预算，需要精打细算，需要为她丈夫考虑，她自己也不再需要每个周末外出。

根据定义，客户从来不是购买“产品”，而是购买“需求的满意度”。

客户购买的是他们认可的“价值”。然而，同样根据定义，制造商不能生产“价值”，他们只能制造和销售“产品”，因而制造商所考虑的“品质”既不切题又浪费钱财。

“什么是客户认定的价值”容易被人忽略的另一个原因是，经济学家通常觉得他们知道答案：价值就是价格。这个答案即便不全错，也应该是个误导。价格不过是个简单概念，作为入门用的。还有其他可以决定价格真实意义的价值概念。最后，在许多案例中，价格是次要的、局限的因素，并不能直指价值的本质。

我们举几个实例来说明价格对不同客户的实际意义。

像保险丝盒或断路器那样的电器设备，电器承包商负责挑选品牌与进货，房主只付钱购买。电器承包商眼中的产品价格与制造商所认定的产品价格并不相同。按理说，制造商认定的产品价格加上安装费用，就构成客户即房主购买时的价格。但承包商对价格的敏感是众所周知的。高价位的保险丝盒或断路器在美国一度成为该行业的市场领导者。对承包商来说，这个价格很低廉，因为这类产品只适合快捷安装，而且相对无须技术含量的劳动力。

施乐公司的成功在很大程度上取决于它把价格定义为“客户支付影印的费用”，而不是“客户支付复印机的费用”。因此，施乐公司是依据客户影印的次数来给复印机定价的。换言之，客户为影印数量买单而非为复印机买单；确实，客户想要的是影印文件而非复印机。

在美国的汽车产业中，大多数新车的销售必须面对旧车的挑战，价格的不断变化实际上就是因为新车与二手车、三手车乃至四手车之间的价格差距。一方面，整体汽车市场的价格波动与汽车经销商在买卖旧车时的价格差距有关；另一方面，各种类型与不同规格的汽车在运营成本中存在差异也会导致汽车价格波动。只有高等数学才能计算出真实的汽车价格。

产品与服务只能通过理解客户所认定的价值来决定它们的价格，这就好比要从看上毫无分别的商品（像某种纯铜）中区别出各自特色一般。施乐公司的案例分析可以证实：制造商或供应商所制定的价格结构必须与客户的价值概念相匹配。

但价格也只是价值的一部分。有许多涉及品质的考虑远非价格所能表达，如耐久性、避免破碎、制造商的长久不变、上好的服务等。高价格本身也会真实体现出产品与服务的价值，如昂贵的香水、珍稀的皮草和独家定制的礼服等。

以下两个例子很典型。

在欧洲“共同市场”早期，两位年轻的欧洲工程师花了区区几百美元开了一间小办公室，只有一台电话和装满电子设备零件制造商目录的架子。在10年中，他们建立了一家大型且高利润的批发企业。客户都是电子设备的工业用户，如继电器和机床控制等行业。这两位年轻工程师并没有制造任何产品。他们通常以更低的价格直接从制造商那里获取电子设备零件。但他们的贡献在于，大大减轻了客户寻找合适的电子零配件所承受的乏味而累人的苦差事。客户只需告诉他们电子设备零件的种类、厂家、型号，以及所需更换的零件，如微转换器或电容器等，他们就会马上为客户识别出所需的电子设备零件。他们还熟知不同厂家的零配件可以用来相互替换以求应急之用。所以通常在一天之内，他们能够熟知客户所需并为客户提供及时服务，他们根本不用存货。对客户来说，专业知识和快捷服务就是价值所在，因此客户完全愿意为这种可观的价格买单。其中一位年轻人这样说道：“我们的业务不是电子设备零件而是信息。”

就客户所接受的服务而言，如何理解这些价值的概念呢？毫无疑问，今天的美国家庭主妇购买家用电器在很大程度上基于她们自己、朋友以及邻舍的经验。她们所能获得的快捷服务、服务品质以及产品费用都成了购买者决定消费的主要因素。

不同客户所持的价值观不同，这一复杂的问题只有客户自己才能回答。管理者甚至不应该试图揣摩这些答案，而应该直接深入客户中有系统地进行探索。

市场营销方法本身并不会成就企业的目标和使命。对许多企业而言，市场营销方法所生发出来的问题多于它所能给出的答案。这可以解释企业的基本核心力通常只是拥有了“共同技术”而非“共同市场”。典型的实例诸如化学公司和商业银行。相似的例子出现在一些流程型企业中，如钢铁公司或炼铝厂，它们需要多个市场定位以求界定各自的企业性质。它们的产品不可避免地需要投入庞大无比的市场之中，服务众多客户，它们必须满足各种各样的价值概念和价值期望。

然而，在这类企业开始询问“我们的事业是什么”之前，它们必须先问问：“谁是我们的客户？”“我们的客户在哪里？”“客户所认可的价值是什么？”企业甚至同属于社会中的任何机构都一样：贡献决定其存在价值，其他一切都是“努力”而非“成果”。客户为“税收”买单，其他一切都只是“成本”。也就是说，来自外部的方法，来自市场营销的方法，不过是个步骤；但这是一个先行于所有其他步骤的步骤。这是每个管理层都需要面对的，是可理解并可用以取代不同观点或最基本决定的因素。

何时提问“我们的事业是什么”

大多数管理者提出“我们的事业是什么”时，都是他们的公司遭遇危机之际。当然，这个问题必须提出。确实，提出这个问题或许会收获惊人的结论，甚至会扭转看似不可逆转的颓势——就像前文中提及的美国电话电报公司的韦尔以及地毯产业挽救低迷的败局那样。

通用汽车公司的成功也是在公司深陷泥潭之境，他们提出了“我们的事业是什么”。当阿尔弗雷德·斯隆于1920年担任通用汽车公司总裁时，通用汽车公司正深陷困境难以为继。斯隆对通用汽车公司的目标和使命进行重新界定，并用新定义所引申出来的战略与结构为通用汽车公司注入了新的领导力，并在三年之内（甚至更短的时间内）实现了出色的利润回报。[1]

---

1 On Sloan’s work, see his book, My Years with General Motors (Doubleday,1964), and my book, Managing for Results (1964).

只有等到企业或产业深陷困境时，才会考虑这个问题，这就好比玩俄罗斯转盘——赌运气。这是不负责任的管理。这个问题应该在企业创建之初就提出来——对那些具有发展野心的企业来说尤其如此。充满抱负的企业更应该以清晰的创业概念为起点。

20世纪60年代在美国华尔街证券市场叱咤风云的引领者帝杰（DLJ）就是一个成功的实例。帝杰是由三位刚刚踏出商学院大门的年轻人组建的。他们毫无实战经验，仅有理念。然而在短短的五六年内，他们的证券公司名列华尔街第七位。后来，帝杰成为华尔街首家上市证券公司并开辟了纽约证券交易所的新方向——从“私人俱乐部”转变成为“服务机构”。帝杰成为在拓宽资本源头上做出突破性贡献的首家华尔街证券公司，而这种需要早在30年前就曾有有识之士提出过。帝杰的创建者这样说道：“我们的事业就是去为‘新资本家’和那些机构投资者（如养老基金和互惠基金）提供金融服务，为人们提供理财咨询和财务管理。”回顾往事，这样的定位简单易懂且行之有效。到1960年，人们非常清晰地看到：有许多新兴的机构投资者正在壮大并成为美国资本市场的主导力量，成为个人储蓄导向资本市场的主要渠道。然而当帝杰提出他们的理念时，他们的想法正与华尔街其他理念背道而驰。

那个决定要自己当老板的人或许不需要问“我的事业是什么”。例如，如果他在车库中混调出一种新的洗涤剂，而且开始逐家逐户地推销，这时他只要知道这种混合剂在除污去渍上具有超强效果即可。但当他的产品流行起来后，他就必须雇用员工替他混调洗涤剂，并且有人去做销售，这时他就必须决定是继续直接销售，还是通过零售商店来销售，如百货商店、超市与五金店，或者干脆三者都干；或者他需要更多产品以谋发展——这时候，他不仅必须问“我的事业是什么”，而且必须就此问题做出回答。

当一家公司已经获得成功时，就是这家公司必须严肃地提出“我们的事业是什么”的最重要时间。这个问题正是西尔斯公司的强项，也是英国玛莎百货公司成功要诀之一。而美国的学校和大学当前所面临的重重危机，归根结底是因为它们从不问“我们的事业是什么”。

成功总会淘汰已经取得的成就。成功总会创造出新的现实。最重要的是，成功还会制造出层出不穷的问题。只有童话故事才会以“王子与公主永远幸福地生活在一起”作为大结局。

对一家获得成功的公司来说，它的管理层不太容易问“我们的事业是什么”。因为公司中所有人都在想：答案如此明显清晰，这个问题根本无须讨论。大多数人不会去质疑成功的事实，也不会去破坏良好的现状，自讨苦吃。古希腊人深知这个道理：“对成功之傲慢的惩罚极其严厉。”当公司成功时，管理层不会问“我们的事业是什么”，那么这样的管理层实际上已经深陷自鸣得意、懒散闲怠以及傲慢自大的危险之境了。这样的公司离失败不远了。

20世纪20年代，美国最成功的两大产业是无烟煤矿和铁路运输。两者都坚信，老天已经赐予它们永不动摇的垄断权，它们对各自事业的定义如此清晰以至于根本无须再做必要的思考，更不必说采取必要的行动了。如果它们的管理没能获得理所当然的成功，那么它们必从领先地位上滑落，就像无烟煤产业那样全军覆没。

总结：当一家公司的管理当局实现了公司的目标时，他们应该严肃地问：“我们的事业是什么？”这就要求管理者具有自律精神和责任感。二者缺一不可，否则就会衰败。

“我们的事业将会如何”

对于“我们的事业是什么”，即便最好的答案，迟早也会过时。

西奥多·韦尔给出的回答持续影响了近70年。到20世纪60年代末，他的答案日趋表面化，而且不再奏效；电话系统不再像韦尔时代那样独占鳌头；多种形式的无线电通信迅速崛起。到60年代末，电话作为传送声音信息的工具不再能够满足人们的需求，有日渐颓势之危。一方面是因为通过电话线路传送数据的能力正在快速成长，另一方面是因为语音和影像传送的可能性日趋成熟。西奥多·韦尔对美国电话电报公司那种简约而优雅的界定到了需要重新审视的时刻。

在20世纪20年代早期，当斯隆接任通用汽车公司总裁时，他就“通用的事业是什么”给出了精彩答案，并维持了较长一段时间，历经第二次世界大战以及战后的经济复苏阶段。但到了1960年左右，虽然斯隆“退而不休”，但他的答案已经明显不合时宜了。通用汽车公司未能重新思考相同的问题，或许根本没有在意提出这个问题的必要性。这与后来通用汽车公司遭遇客户不满，承受公众压力以及遭受政治抨击，乃至最后无力维持全球汽车市场领先地位不无关系。

很少有企业的目标与使命的定义能够持续影响30年，更不用说50年了。一个恰当的定义能够奏效10年，这是正常的预期。

在管理中，除了问“我们的事业是什么”，还需要接着提出如下这些问题“我们的事业将会如何？”“能否识别出环境中的哪些变化可能对我们事业的目标、使命以及特色产生重大冲击？”“如何把这些变化预期纳入我们的企业理论、目标设定、战略规划和工作分派之中？”解决这些问题所需要的方法与途径将在本书第10章中加以论述，我们将提出下一个关键问题：“我们的事业应该是什么？”但这里我们先讨论一些相关的基本问题。

我们的讨论从市场、市场潜力以及市场趋势开始说起。假设我们的客户群体、市场结构以及技术都基本没有变化，那么我们可以预期未来5年或10年中我们企业所服务的市场范围有多大。促进或者阻碍我们业务拓展的可能因素又会是什么呢？在这些可能的趋势里，最重要的趋势也是最容易被忽略的趋势是：人口结构和人口动态的变化。传统的商人容易信从经济学家的假设，认为人口统计数据是恒定不变的。历史的经验也认为这种假设是合理的。除了灾变事件（如世界大战或饥荒）导致人口剧减，正常状况下人口的变化是非常缓慢的。然而这种假设如今不再准确。今天，无论是在发达国家还是在发展中国家，人口都在发生急剧变化。

每个发达国家（或许唯一的例外是英国）在第二次世界大战后的10年中都曾出现过小的“生育高峰”。年轻妇女比以往生育更多孩子，孕期也更加紧凑。而10年后，紧接着便出现同样引人注目的“生育低谷”，婴儿安全出生数量急剧下降。在发展中国家，出生率虽然没有增加，但婴儿存活数量在增加，而且现在依旧在持续增加。换言之，在短短的25年中，整个人口结构发生了急剧变化。以美国为例，1950年最大的单一年龄段群体是38～40岁。10年后，最大的单一年龄段群体是17岁。但到了1980年，最大的单一年龄段群体是25岁。自1945年始，每个发达国家都经历了一个“教育爆炸”期。而在发展中国家，城市化正在快速发展。以拉丁美洲为例，拉丁美洲的人口结构已经从边远农村进入明显的城市化进程，城镇居民人数大大增加。

人口统计不仅会对人口结构在购买力与购买习惯上产生影响，而且会对劳动力的规模与结构产生影响。人口变化是关系未来预测成为可能的唯一事件。人在青少年之后才成为劳动力，在发达国家中，越来越多的人在20岁之后才算得上劳动力。他们不会成立家庭，也不会成为主要客户。换言之，市场中的主要趋势，包括购买力与购买习惯、客户需求以及就业等，都可以通过分析人口结构和人口动态的某些确定性来加以预测。

任何预测未来的尝试——当然，就是我们竭尽全力追问的问题“我们的事业将会如何”——都必须始于人口统计分析并视之为最坚实、最可靠的基础。

甚至细小的人口结构变化都会产生巨大的影响，美国杂志业的急剧转变就是其中一例。

直到1950年，美国最成功的也是最有利可图的传播媒体是大众化的杂志，它们看起来固若金汤。但当时期刊业的领导者如今都已经消失得无影无踪，如《科利尔》《周六晚邮报》《展望》《生活》等。它们中的幸存者也都在苦苦支撑，勉强维持生计罢了。人们通常把这种颓势归咎于电视产业的发展。但杂志业作为一个整体产业并非遭受电视的祸害，正如它们早期不受制于收音机一样。相反，自从电视问世之后，杂志的发行量与杂志广告效果远比过去提升得快，如今依旧持续增长。这其中的奥秘正是人口的变化——

部分原因是年龄结构的变化，但主要原因还是民众教育水平的提高。毫无差别的大众读者群的时代过去了，取而代之的是大量具有专业特长的大众市场，也就是具有专业特长的群体。虽然他们规模有限，但教育水平提高了，购买力提升了，他们都有各自的独特兴趣与阅读品味。这个群体比上一代人更加喜欢阅读杂志，理由很简单，他们的杂志阅读量增加了。对杂志广告商来说，这个群体是更好的市场，理由很简单，他们的杂志购买力增加了。每个受过更好教育而且相对富裕的读者，就其本身而论，都是大众读者，差别之处在于他们是更加专业化的一群人……

管理层需要对市场结构变化所可能造成的结果有所预期，如经济变化趋势、时尚品位变化以及市场竞争态势等。竞争必须根据客户对所购买的产品和服务的理念加以界定，因此竞争包括了“间接竞争”与“直接竞争”。

客户未能满足的需求

最后，管理层必须思考，在如今已经提供的产品和服务中，客户的哪些需求还尚未得到充分满足。有能力提出这个问题并有能力正确回答这个问题的企业通常能够稳步发展；相反，漠视这个问题或无能力回答这个问题的企业通常只能依赖经济走强和产业景气而有所发展。但依赖经济走强和产业景气而发展的企业也容易在产业不景气和经济不走强的情况下深陷困境。

在客户尚未得到满足的需求方面取得成功的实例，非西尔斯莫属。这个话题非常重要，我们需要更多例证加以说明。

在20世纪50年代中期，当索尼公司提出“什么是客户尚未得到满足的需求”时，正值该公司首次决定开拓美国消费市场的关键时刻。索尼公司创建于第二次世界大战后，是一家磁带录音机的生产商，其产品在日本国内市场获得了很大成功。索尼公司进军美国市场，专门为播音室供应小型但信誉可靠的高价专业磁带录音设备。然而，索尼公司首次在美国大众消费市场推出的产品是它从未生产过的产品——便携式晶体管收音机。索尼公司的市场调研分析显示，当时的年轻人喜欢在野餐、露营和短途旅行时携带又笨又重又昂贵的设备，如重达数磅的留声机和靠电池供电并配有音箱的收音机。毫无疑问，这个调研显示了客户尚未得到满足的需求——既轻便又便宜而且可靠的收音机。在这之前，索尼公司并未开发过便携式晶体管收音机，但美国的贝尔实验室已经拥有；只是贝尔实验室以及美国的电子器材制造商都认为客户尚未能够接受这样的设备。他们认为，现有的设备足以满足客户的需求，而且足以锁定客户的需求。但索尼开始提出：“什么是客户尚未得到满足的需求？”这个问题为索尼的市场开发认定了方向，并且在较短时间内发展为这个市场的领军者和引导者。

在全球领先的企业中，联合利华可能是在思考“我们的事业将会如何”方面做得最出色的一家企业。在为每个主要产品线、为每个主要国家市场所研发的方法和创建的模式上，联合利华致力于多方细致考虑，从国民收入到零售分销，从饮食习惯到税务事宜，可谓面面俱到。但联合利华的经营基础和起点是人口数据分析和人口变化趋势。人口变化和发展趋势不必做猜测，但可以从已经发生的人口结构变化中获得信息。

“我们的事业应该是什么”

“我们的事业将会如何”旨在提醒企业针对预期变化做出适应性调整，旨在针对企业现有状况进行改善、扩展以及做进一步开发。

我们还需要进一步问：我们的事业应该是什么？有什么机遇正在展现出来？有什么机会可以创建以求跨入不同事业领域并实现我们的事业目标与使命？

IBM公司曾一度把自己的事业界定在“资料处理”上。在1950年之前，这个界定意味着穿孔卡及进行穿孔卡分类整理的器材设备。伴随着计算机的问世，新技术诞生，IBM公司之前丝毫没有这方面的专业知识。但IBM公司提出“我们的事业应该是什么”，并意识到，从此以后，资料处理必须直指计算机，穿孔卡一去不复返了。

不能提出这样问题的企业可能只有丧失良机了。美国的人寿保险行业很长一段时间把它们自己界定为“为美国家庭提供基本的投资和金融担保”。

在第二次世界大战期间，这种人寿保险政策的确是实现这种目标与使命的最好方式。但在第二次世界大战之后，大多数美国人收入增加，储蓄能力也超出了购买人寿保险担保所需的费用。与此同时，所有人都敏锐地意识到通货膨胀的问题，即人们担心传统保守的固定投资价值会因为通货膨胀而缩水。人寿保险公司拥有通向市场和销售组织的渠道。在它们各自的投保客户清单中，它们拥有美国最大金融客户群体。遗憾的是，它们当中很少有人问“我们的事业应该是什么”。结果，人寿保险持续地丧失其市场地位。第二次世界大战前，人寿保险是仅次于家庭住宅的中产阶层领先投资产业。而如今，人寿保险已经下滑到第三、第四名，而且有日趋败落的可能。新的储蓄资金不再流向人寿保险，而是流入互惠基金和养老基金。

人寿保险公司所缺乏的不是创新。人寿保险公司所需的金融工具早已发展健全，它们所缺少的是提出“我们的事业应该是什么”这个问题的意愿以及认真对待这个问题的勇气。

当思考如何回答“我们的事业应该是什么”时，除了社会、经济和市场因素的变化，还要考虑创新，包括自己的创新和别人的创新。

就企业本质而论，创新所引发的变革太过张扬以至于没能要求许多史实的证明。所有工程和化工领域的主要企业很大程度上都是通过创新来实现新事业的转型的。如前文所言，虽然在过去10年中为世界贸易注入资金的“欧洲美元”都不是出自美国商业银行，但美国商业银行知道欧洲美元的意义十分重大，其成功之处在于把欧洲美元变成国际货币，这在很大程度上可以说明它们在跨国银行业务中所取得的快速成长。

最后，要实现从“我们的事业是什么”到“我们的事业应该是什么”的转变，需要一个特别而重要的理由，那就是需要论及“不合宜的企业规模”。

有计划地放弃

为崭新而不同的事情做决策是十分重要的，与此同等重要的是，有计划地、有系统地抛弃那些企业中过时的、不合时宜的目标和使命，抛弃那些不再能够体现特定客户或客户群体的满意度的、不再能够具有优先贡献力的目标和使命。

对所有现存的产品、服务、流程、市场、最终用途以及销售渠道进行系统的分析，这是破解“我们的事业是什么”“我们的事业将会如何”“我们的事业应该是什么”等问题举足轻重的一步。它们依旧可行吗？它们还有可能奏效吗？它们仍然对客户提供价值吗？明天我们还可能这样做吗？它们依旧能够和人口变化、市场变化以及技术与经济变化相适应吗？如果不相适应，我们如何采用最佳的方法抛弃它们，或者至少能够有效停止更多资源投入和人力消耗？除非我们严肃而又系统地对待这一系列问题，除非管理层心甘情愿地致力于探索这些问题，否则对“我们的事业是什么”“我们的事业将会如何”“我们的事业应该是什么”再好的定义也会沦为“诚挚的陈词滥调”。企业的精力只会被用于保护过去。没有人有时间和资源或者有意愿去开拓“现在”，就更不用大言不惭地憧憬“未来”了。

在《为成果而管理》一书中，我首次提出并讨论了“有计划地抛弃”这一理念。几年后，通用电气公司采纳这个理念并用作系统管理战略。在许多大型公司中，如联合利华，大多数远程规划都会聚焦于“我们的事业将会如何”这一问题上；但在20世纪60年代后期，通用电气公司的企业战略规划却是个例外。它把探索的问题锁定于“我们的事业应该是什么”上。通用电气公司的规划不是着眼于“我们应该投入到何种新领域中去”，而是始于反思如下问题：“在现有的产品系列和业务中，我们应该放弃什么？”“哪些是我们应该削减和淡化的？”

界定企业的目标与使命是一件艰难、痛苦而又危险的工作。但只有对企业的目标与使命加以界定，才能促进企业设定目标、发展策略、集中资源以及投入运营，也只有对企业的目标与使命加以界定才能促进企业管理产生成果。

第7章　结构——再论矩阵

随着矩阵型组织变得越来越常见，人们发现自己的管理角色变得非常模糊不清——比在产品型或职能型组织中更模糊。在本章选取的内容中，Lawrence、Kolodny和Davis指出了一些有效进行矩阵式管理需要的行为。

他们的策略是从“最高领导层”“矩阵经理”“有两个老板的经理”三方视角来分析矩阵。其中每一方都和其他方有着不同的关系，因此自身需要特殊的定位和行为才能获得好的结果。作者使用图1展示了各方之间的关系。

矩阵中人的因素[1]

Paul P. Lawrence Harvey F. Kolodny Stanley M. Davis

近年来，矩阵式管理和矩阵型组织变得越来越普遍。如果必须选择一个词来概括矩阵型组织的潜力，那就是“灵活”。矩阵式结构可能提供的灵活性是传统的单线命令型组织缺失的，而且在灵活之余，矩阵式结构还兼有大型组织传统上擅长的协作能力以及规模经济效应。

矩阵式结构的使用十分普及，大家都已经知道，矩阵式结构需要与传统的单线命令型组织不同的管理行为。本文将识别矩阵型组织中的关键管理角色，并描述对各个角色最关键的要求……

1　本节改编自以下材料：*Matrix*， by Stanley M. Davis and Paul R. Laurence， Reading， Mass.: Addison-Wesley， 1977. 原始版本刊登于 *Organizational Dynamics* 6， 1 (Summer 1977): 43-61. 经出版社 AMACOM（美国管理协会的分支机构）允许节选。

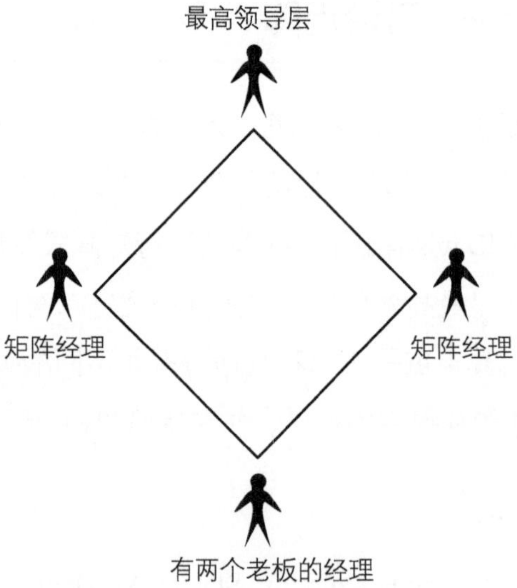

图1　矩阵式结构

按照字面意思，最高领导层是指处在最高位置，或者说是在矩阵型组织之外（见图2）。这种情况并不是普遍被接受的。即使在完全矩阵型组织中，高管也不在矩阵之中。尽管如此，他们仍然属于矩阵的一部分：最高领导层负责监督和维持权力的平衡。

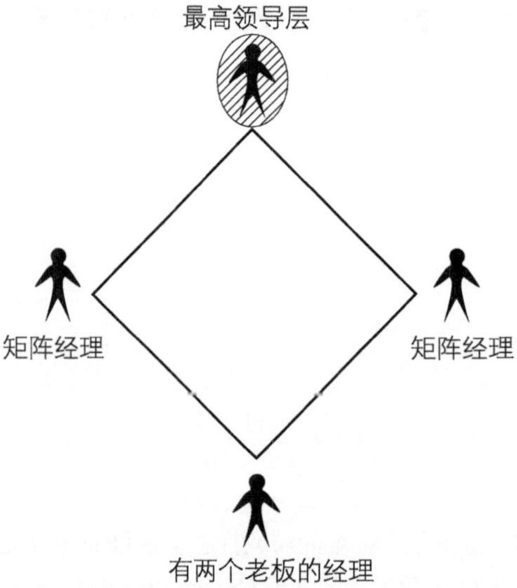

图2　最高领导层

在企业范围的矩阵中，最高领导层就是首席执行官以及其他一些关键个人；在产品团队或某部门的矩阵中，最高领导层就是其负责人（层级最高的管理者）。这个人的权力不与其他人共享，也不存在权责不对等的情况。从形式上来说，最高领导层的角色与传统组织的一样，但与传统组织的不同之处在于，他如何向下管理的过程。

最高领导层必须支持矩阵管理方法。他必须认同矩阵的优点，坚信矩阵是所有组织形式中最佳的一种（尽管不一定是完全理想的）。同时，他也必须向他人“兜售”矩阵模式；为了使不同层级的人建立矩阵的概念并对此产生热情，他必须大声疾呼，清晰表达。

矩阵方法的矛盾之一，在于矩阵需要一个强势统一的最高指令，以确保权力在下一层级的平衡。从某种意义上来说，最高领导层必须是一位仁慈的独裁者：“你们可以享受民主（共享权力），而我则享受独裁（最高权力）。”“我没问题，你们也没问题；但是我仍然是老板。”

最高领导层在平衡权力时，他需要一种专制型与参与型相融合的领导风格……

权力平衡

从我们的经验来看，最高领导层能否做好权力平衡，对于帮助矩阵型组织走向成熟至关重要。当然，所有总经理都必须对权力平衡予以关注，但在矩阵型组织中显得尤为关键。如果我们将传统的金字塔结构图和矩阵型组织的钻石图做个比较，就知道为什么这么说了。与金字塔不同的是，钻石图从本质上就没有那么稳定。外部环境造成的推动力和拉动力会导致管理和技术要求发生改变。在这种情况下，如果仍要保持结构的稳定性，就需要最高领导层亲自动手，不断地重新平衡组织的关注点和各项事务。虽然这种类比比较粗略，但是十分重要。处于领导角色的管理者通常对此很清楚。矩阵型组织中的“调音”工作必须得到持续的关注。

总经理用于建立权力平衡的基本方法是显而易见的，同时也很重要。首先，矩阵型组织中的“两臂”拥有同等的权力和重要性。总经理应在一切可能的场合加强这个信息，一个常用的方法是建立双重预算体系和双重评估体系。

大部分成熟的矩阵型组织都采用了双重预算体系，即矩阵的两臂各自产生一整套预算。采用复式记账法后，双重预算体系可以将所有费用计算两次——每次按不同方式和不同目的进行计算。职能预算主要是成本预算，除非该职能将其服务销售到组织之外。预算制定的第一步是估计产品（或业务）领域所需要的职能工作量，通常表现为人力工时和物资需求。随后，职能团队将间接成本和管理费用加入这些直接工时之中，从而算出职能团队向产品或业务负责人提供服务的工时费用。

产品单元或业务单元可以接受此费用，也可以提出质疑，有时他们会以从外部采购服务相威胁。这是双方视角的差异最为凸显的时刻。例如，业务单元并不赞同职能部门为了保持长期的竞争力或者应付突发情况，将人员成本归为管理费用的想法。但通过这个过程，原本只关注自身短期损益的业务单元就被迫去理解员工培训三年后才能用到的能力，或者服务于其他业务的能力的必要性。当所有职能部门的费用都获得批准后，产品单元或业务单元会为其每条产品线制定各自的损益预算。

平行会计体系可以提供独立的预算控制，既能够与各类组织单元的工作性质保持一致，又能够支持其下属子单元的部分自治权。每个单元都有方法来评估自己的业绩表现，其评估结果不依赖于其他单元的业绩。一位采用这种方式的CEO如此描述其双重控制体系：

“会计体系准确地匹配到组织，所以在这方面产品负责人不需要和我讨论，他自己就可以看到他做得怎么样。如果资源方面出现了问题，我就必须干预了。

“产品负责人和职能负责人都必须接受会计评估。职能办公室虽然有预算，但是很少直接花钱。他们有一个成本预算，但从理论上来说，成本预算都放入了各个项目中。从职能的角度出发，会计体系可以找出并分离出未利用的‘产能’。一旦任务要求消失，多余的‘产能’便会显现出来。于是，职能办公室便会出现一个‘社会性’的问题。关键在于，多余的‘产能’会立刻显现出来，根本无法隐藏。矩阵型组织虽说是一个自由组织，但也是一个管理严格的组织。”

……双重评估体系与双重预算体系联合应用，帮助管理者保持权力的平衡。如果一个人的工作由两位上级指导，从逻辑上来说，两位上级都应当参与对此人的评估。在有些情况下，双重体系不过是业务负责人签字认可由职能负责人准备的评估表。而在另一些情况下，初始评估则来自业务一方，主要是因为涉及的个人就在产品或业务单元的团队中工作，且在被评估期间与职能部门的接触有限。

暂且不论具体的体系设计，拥有两个老板的人必须知道两个老板都会参与他的评估，这样他才愿意在自己的工作中同时考虑双方的立场。因此，很多矩阵型组织坚持让两方领导同时参加员工的评估反馈会议，并同时对该员工的薪资变动提出建议，避免员工误认为自己的报酬只由矩阵结构中的某一方单方确定。

在成熟的矩阵中，以上这些基本的正式安排对权力的合理平衡十分关键，但往往还不够。很多事情的发生都可能破坏平衡，而总经理需要及时发现失衡的情况，否则就会恶化成严重的权力斗争，甚至导致不明智的偏离。矩阵出现失衡的原因有很多，不过最常见的原因是矩阵结构中的一方出现临时性的危机，并利用危机作为借口调动另一方的资源。在一定程度上，对真实的突发危机这样处理可能是恰当的，但这也许会成为持续不平衡状态的开端，除非总经理及时予以纠正……

鉴于矩阵所固有的权力不稳定性，成熟矩阵型组织的总经理会使用各种补充方法来保持矩阵的平衡。这些方法并不新鲜，但都值得记住，因为它们对矩阵型组织特别重要。以下列出五种可能的方法：

1．薪资水平是权力的重要象征，因此可以稍稍提高矩阵结构中一方的薪资，使其成为对抗不平衡的力量。

2．可对双方进行职位头衔的调整来实现平衡。

3．在会议以及非正式场合接触总经理，也可以作为权力的来源，成为平衡因素之一。

4．办公室的规格也是一个相关因素，可以传递地位或权力信息。

5．汇报等级也是常用的权力平衡方法。例如，产品负责人通过副总经理向上汇报，而职能负责人则可以直接向总经理汇报。

我们已经讨论了利润中心负责人所具有的破坏平衡的潜在风险。但是这种风险也视情况而定。在很多情况下，组织有职能一方优先的传统。因此，总经理可以采用一些策略，提高业务或产品负责人的威望和地位，使他们在事实与名义上都能与职能负责人平起平坐。

管理决策情境

在矩阵型组织中，最高领导层必须巧妙地管理决策情境，这一功能不可替代。矩阵式结构的存在，相当于承认最高领导层无法及时完成所有的关键决策。决策中有太多信息需要消化，有太多观点需要考量。但是总经理必须为其他人做决策而准备好舞台，他必须确保决策能够做出。

我们已经看到，双重情境的压力和复杂度会让冲突不可避免。为了应对这类情形，总经理必须以身作则，支持和示范如下所述的三级决策流程：

1．必须将冲突公开化。这些冲突本就是由矩阵式结构的双臂设计所催生的；不仅如此，相关负责人必须奖励那些将困难问题浮出水面，从而能够公开讨论的人。

2．对相互冲突的立场，必须以积极而理性的态度进行讨论。参与者必须展示相关的论证和适当的证据。总经理必须以身作则，才能鼓励大家也采取这样的行为方式。

3．必须及时解决问题，达成承诺。总经理不能允许下属拖延问题，或者将责任推卸给上级。

所有这些决策流程都需要高水平的人际技巧，以及愿意承担风险的决心。同样，需要尽量弱化不同层级在地位上的差异。最高领导层需要对异议持开放态度，并且愿意倾听争论的内容，才能正面地影响这一过程。大部分矩阵型组织的总经理都具有一个显著的特征：办公室陈设简单，举止和穿着不拘小节。关键在于，这种行为方式必须由最高领导层以身作则，这也是决策情境的一部分。

标准设置

矩阵型组织的领导层是高绩效标准的起点。此前，我们已经指出，环境带来的高绩效压力是采用矩阵型组织的必要条件之一。但是对于组织内部成员来说，他们很容易将自己与这些外部压力隔绝。成熟的矩阵型组织中的总经理应将外部压力内化，并以绩效标准的形式表述清楚。矩阵式结构中“双臂”各自的子系统当然也会相应地制定自己的规划和设立具体的目标，提交领导层审核。但是组织中的整体抱负水平是从总经理开始设定的。正如我们之前所说，这是领导层的责任，不能委派给他人。

矩阵型组织中的老板与其他老板共享下属（见图3）。随着矩阵的演化，这意味着矩阵式结构中的老板会发现自己只是权力平衡中的一个维度。他所属的维度是组织中原先就有的，还是后来增加的，会对演化出的视角有很大影响。矩阵最典型的演化过程是从职能型结构起源，叠加上项目维度，从而演变成业务-职能平衡的结构，因此我们下面要具体审视这两个维度下矩阵中老板的角色。不过，同样的经验教训也适用于负责区域、市场、服务或客户的矩阵式结构中的老板。

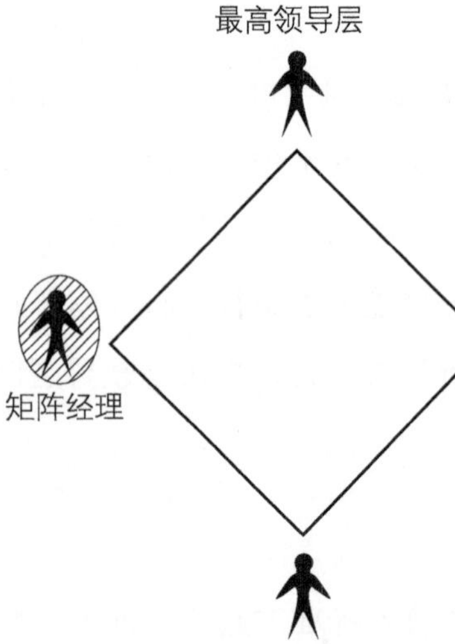

图3　矩阵中的老板

职能经理

矩阵型组织形式上最令人惊讶的是职能经理角色的变动。在职能型组织中，职能经理在其职能目标、人员选择、不同任务的优先级、下属任务分配、项目进展评估、下属绩效评估，以及下属的薪资与晋升决策等方面都拥有权力。在这些方面，职能经理仅需要咨询其上级，或者接受其上级的指示，但是大部分功能是在职能内部自行运作的。

相比之下，在矩阵型组织中，所有这些责任都不是职能经理一个人的。职能经理要将很多决策权与项目经理或业务经理以及其他同级职能经理共享。很多矩阵式结构对员工的绩效评估、薪资与晋升决策要求双重审批。即便没有这样的要求，职能经理也需要在制定以上决策之前与他人协商。上文中讨论过，这对矩阵的有效运作和权力平衡很关键。任务、任命，以及优先级相关的决策必须与业务经理共同做出，而且往往是项目或业务团队决策的结果。即便职能的目标，也有一部分是由项目和业务的资源需求所决定的。职能经理在矩阵中的角色往往是响应者，而传统上他是自己职能领域的发起者。例如，一名生产负责人在数年来一直在对抗一种观点，即向他汇报的工厂经理必须根据业务团队的需求来制定他们的目标，而且应由业务经理及其团队从时间的角度评估目标的完成情况。该名生产负责人很难理解，他的职责只是从职能专家的角度来评估目标的完成情况。

因此，职能经理在矩阵型组织中往往会感到失去了地位、权威和控制力。职能经理之前拥有的发起人的角色部分地转移给了业务经理，因此他的重要性降低，拥有的权力也比以前少了。最极端的例子是职能经理的职能下属更多地与他们对抗，因为这些下属如今也属于业务团队的一员，这为向上发起行动和对抗提供了合理需求和社会支持。而那些仍然保持着对其领域相对控制权的经理，也因此猛然警觉，可能对矩阵式管理产生敌意和可预见的抗拒。

然而，随着矩阵型组织的不断成熟，职能经理会逐渐适应这些变化，并且会发现他们不仅可以容忍这样的角色定位，而且会感到富有挑战性。虽然在矩阵型组织中通常是业务经理控制着人力资源招聘的预算，但是职能经理也必须参与到非常复杂的人员规划中。

他们必须平衡组织的不同产品线和/或业务的需求，必须对培训需求做出预测，如果涉及裁员或晋升，还必须与工会协商。此外，他们必须管理支持人员（主管、经理、秘书、职员）和相应的资源（设备、设施、空间、维检等），很多工作都必须与业务团队合作……

业务经理

正如我们此前所指出的，在矩阵型组织中，很多职能专员被聚集在临时性的（项目）或永久性的（业务或产品）团体之中。这些团体由产品或业务经理带领，同时他们要负责确保团队中职能成员团结一心，为项目或业务的利益服务。就这一点而言，他们的责任和总经理一样；他们的目标是完成项目或实现业务的长期盈利。

然而，在矩阵型组织中，业务经理并不像总经理那样拥有完整未分割的权力。团队成员不是只对他们汇报，因为很多人同时还需要向职能经理汇报。因此，不少业务经理就抱怨："我们要负所有的责任，但是所需的权力却没多少。"

传统组织中的领导层的优势是"立刻兑现的正当权力"，因为人们明白向他们汇报就意味着要回应他们的需求。这是因为他们的老板不仅拥有正式的头衔和地位，而且对他们的绩效评估、薪资、晋升，以及职业生涯，都有很大影响。在矩阵型组织中，这类权力是与职能经理共享的，因此在团队成员的眼中，项目或业务经理的权力被弱化了。他不能够单方面做出决策，而要管理决策流程，以便所有不同意见都能发表出来，并根据整体利益进行权衡。因此，他要担负起艰巨的任务，即利用有限的正式权力对其他人施加影响。他必须利用自己的知识、能力、关系、人格力量，以及团队管理技能，推动人们为项目或业务的成功尽到最大努力。

矩阵型组织（或业务）中老板的角色产生了对新行为的需求，其中有些需求是真实的，有些是出于自己的想象，这可能使首次接触这类工作的人感到焦虑。矩阵（或业务）经理必须更多地依靠其个人素质，依靠自己运用项目、业务或职能知识去说服他人的能力。他必须利用沟通和人际关系来发挥影响，推动事情前进。对业务经理在管理会议过程促使大家提出不同观点，以及（我们希望）设法达成共识等方面的能力要求，比传统组织中总经理所需要的能力还要高。

因此，对于那些第一次面对这些需求的人来说，这是一个全然不同的世界。在开始依靠新的行为来完成工作时，他们很容易感到沮丧、怀疑和失去自信。当体验到自己最终要对项目完全负责与赢得他人支持的不确定性之间的矛盾时，他们便开始质疑自己的能力。有些人会因此学习到所需的新行为，而有些人永远也学不会。

对于新的矩阵型组织的业务经理而言，带来困难的不仅是行为上实际和必需的改变，还有他们自己对于改变的态度。按照我们的经验，指派到该岗位上的人首先必须突破自身认为这项工作不可能完成的思维定式。长期身处传统组织中的人，头脑中已经牢牢树立了等级和正式授权才是影响力和权力来源的观念。他们认为业务经理这份工作不可能完成，因为他们之前在传统组织中，没有透彻地思考过权力和影响力是如何真正起作用的，而是一直抱有一种错误观念，即认为作为老板的正式权力是让他具有影响力的原因。

即使他们本人已经成长起来，并采用其他方式获得了影响力，这种错误观念也可能依然存在。关于权力和影响力的错误观念常常是第一道障碍，必须先予以破除，他们才会致力于应对新的行为需求。

在业务经理与矩阵型组织另一臂的同侪关系中，他需要摆出既讲道理又有自己主张的姿态，而不是咆哮和威胁。只有通过这些关系，业务经理才能获得完成目标所需的人力资源。他必须预期到部分资源可能出现紧缺，而且他不得不处理与自己竞争资源的要求。

在这些对话中，业务经理必须为自己的要求站出来说话，同时避免给人留下过分夸大自己要求的印象。他必须和同事们一起寻找富有想象力的方式来共享稀缺的资源，必须在来不及补救之前快速揭露出所有发展中的问题。对于那些习惯于更传统结构的管理者而言，做到这些并不容易。

最后，是关于业务经理和自己团队中不同职能专员之间的关系，矩阵型组织中的业务经理必须建立一种平衡的或者中立的导向。他不能被人认为偏向于某个职能。他所关注的时间范围不能过长或过短。业务经理做出高质量决策的能力，取决于他对所有不同职能的观点和目标进行整合的方法。如果他表现出偏见，团队成员就不会相信他的客观性，不相信他能公平地对分歧进行仲裁。这种不信任会为团队埋下破坏性的种子。

对很多人来说，这都是一项很困难的任务。如果一个人的职业生涯都在矩阵式结构中的某一侧度过的，他就很容易带有本人难以察觉，但其他人感到很明显的偏见。要想令人信服且有效地担任多重角色，个人在态度和行为方面都要满足很多要求。

首先，业务经理需要对不同职能领域的人怀有同理心，理解他们，同时需要保持很强的个人理念和目标，以指导其个人行为和角色表现……

要想在这个角色中获得成功，就得接受这个角色就是会对人提出相互矛盾的需求，最好的解决方法是去适应同时发生的竞争性需求。要假设并不存在唯一最好的组织方式，每种备选方案都代表同样重要的主张，正确的选择是两者都要——各占不同的比例。

矩阵型组织中业务经理角色面临的最明显的挑战，就是两个老板的要求时而会发生冲突（见图4）。例如，业务团队中一位来自生产工厂的代表可能知道他的工厂存在盈利的问题，而工厂经理最不希望的就是正在进行的生产活动被研发性质的工作打断，如制作样品或实验新的生产程序。然而，作为业务团队的成员，工厂的代表也理解立刻开展这些工作对项目成功的重要性。

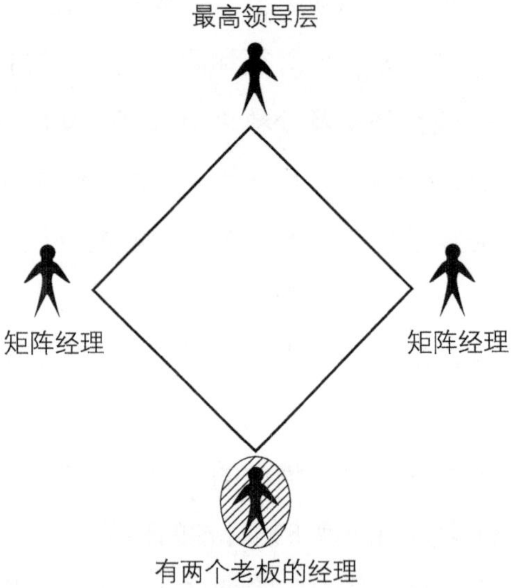

图4　有两个老板的经理

在这种情况下，有两个老板的经理会感到很强的焦虑和压力，来自他所属的职能团队和项目团队之间的利益冲突。两者的观点都有其合理性，但是从整个组织的角度来看，哪方的观点更加重要呢？这不是一个简单的问题，也不是一个容易解决的冲突。而且除此之外，还有身份认同的问题，忠于自己的职能团队还是业务团队的问题，以及面对后果——来自矩阵型组织认为自己“输掉”冲突的一方的拒绝甚至惩罚的问题……让问题更加复杂的是：即使上述项目团队中来自工厂的代表做出了决定，要反对他明知更符合工厂利益的观点，他又该如何与他的组织成员沟通，让他们理解自己的观点带来的好处呢？如果他偏向自己的职能目标，从而去劝说团队延迟样品测试，同样的问题还是存在的……

在矩阵型组织中体验一年之后，笔者为该角色写下了一份运作指南，其中在“管理矩阵关系之实践”一章中提到以下几点：

- 积极游说两侧要与你协作的同事，以及你的两位矩阵老板，提前获得他们的支持。
- 理解另一方的立场，从而决定哪些地方是可以折中和谈判的；理解你们目标的相同之处。
- 避免绝对化。
- 在谈判中，努力在对你的目标完成最关键的问题上赢取他人的支持；尽量只在没有那么关键的点上做出让步。
- 与最高领导层保持经常性的联系，避免出现意想不到的情况。
- 在所有委员会中都保持活跃的领导角色，并借此来教育矩阵中的其他成员；分享信息/帮助他人理解。
- 在开始任何关键的谈判前，一定要比在非矩阵情况下做更全面的准备，并更多地利用第三方专家。
- 在会议前达成双边协议，消除潜在反对者。
- 强调并更多地扮演你的两个矩阵老板能够彼此支持的那部分角色。
- 如果都不行：

a．你可以考虑让事件升级（向更上一级的双方共同的老板汇报）。

b．你可以威胁让事件升级。

c．你可以真的让事件升级。

然而，在这么做之前，一定要考虑时机。在请求上级帮助之前需要事先进行多少测试和谈判？最高领导层是否愿意干预？他们在什么情况下会支持和鼓励你这样做？将事件升级是否意味着失败？

这类建议能否成功，主要依赖于管理行为而非组织结构。个人风格和影响力比职务权力或专业知识更加重要。成功更多来自促成决策，而非自己做出决策。为了保持该管理角色的灵活性，管理者本人必须尽量减少正式的元素，从固守局面者转变为行动者，从官僚主义转变为流程导向。

在成熟的矩阵型组织中，有两个老板的经理的角色问题当然是可管理的。主要是因为大部分职能经理和业务经理都已经学会了如何避免对他们共有的下属提出不可协调的要求。当然，即使在顺畅运作的矩阵型组织中，这种情况还是会时而发生。很常见的例子是，有两个老板的经理被要求在同一时间出现在两个不同的地方。

除了平衡的结构和共享的角色，矩阵型组织还应该拥有一种机制，能够同时在多个重叠维度上处理信息。在产品—区域的矩阵型组织中，处理这种情 况的方法是建立规范，期望甚至要求有两个老板的经理在发生冲突时召集其 两位领导一起开会来解决。有两个老板的经理不会因此被责备，除非他在遭 遇矛盾冲突时缄默不语。

除了处理这样的偶发问题，有两个老板的经理在成熟的矩阵型组织中也会发现，他的角色赋予了他一定程度的影响力，而这种影响力在传统组织中以他的级别通常是不具备的。他发现自己经常能在两位老板的冲突中找到平衡点。如果他了解自己面对的事实，并能够就特定问题的优缺点表达自己的判断，老板往往会认真考虑他的看法。这就是培训总经理的核心……

成熟矩阵的未来

矩阵型组织包括矩阵式行为、矩阵式系统、矩阵式文化和矩阵式结构。在采用矩阵式几年后，有些组织觉得他们不再需要充满矛盾的矩阵式结构来完成他们的目标了。于是，他们回归到更加简单的金字塔结构，而与此同时，在其管理行为、信息处理和公司文化中却仍然保留了双重或多重视角。

这种表现可能说明，矩阵型组织不太会成为美国组织结构的主流特点。应用矩阵更可能是为了帮助组织更灵活地回应环境的压力。结构是用于引导人们采用组织需要的行为方式。就像法律一样，在不去诉诸或考验它的时候，它才是最强势的。如果管理者的表现足够有效，就不需要打破正式的结构和 汇报线的边界。在传统的金字塔结构中，管理者总是会碰到阻碍——要么结构过于集中，没有足够的自由度；要么结构过于分散，没有足够的控制。

因此，成熟矩阵型组织会在两条道路中选择一条，组织框架保留到什么 程度，取决于组织所选择的道路。一条道路是保持双重管理，共享人力资源，以及强化信息处理能力。另一条道路是保持矩阵式行为、矩阵式系统和矩阵式风格或文化，但并不使用矩阵式结构。有些组织会彻底废除矩阵，回归传统的金字塔式的形式、做法，以及管理行为。

病理性崩溃和进化型循环之间（矩阵作为一种过渡形式）的区别，是需 要进行解读的。当观察到组织的变化时，我们不禁想问，它们究竟是丢弃了矩阵，还是已经超越了矩阵？两者之间的区别不仅是学术意义上的。只要最 初促使组织转变成矩阵式结构的环境压力仍然存在，一旦抛弃矩阵式结构后，金字塔式结构的不足之处就会重新浮现。我们观察后认为，这种现象在三到六个月之间就可以看出来，在一年到一年半之内会表现出显著的痛苦。

由于矩阵的结构性元素对很多人来说极其困难，因此我们观察到有组织试图摆脱矩阵的形式，同时尝试保持其实质。我们对此的诊断显示，只有当所有重要成员都将适当的矩阵式行为深度内化，以至于没有人会注意到结构性转变的时候，这种方法才能取得成功。不过，即便如此，我们也认为几年之后，其结构的不均衡性依然会增加。

我们在学习曲线上的位置

仅仅在几年前，我们的课程中只有少数几位管理者听说过矩阵型组织，而如今当我们问起他们是否在矩阵型组织中工作时，接近一半人都举起了手。客观地说，这种自我声明并不太准确。不过，人们的看法本身也是重要的。就像莫里哀笔下的那位绅士，他惊讶地发现自己一辈子都在用“叙事语言”，很多管理者发现自己其实一直都在“践行矩阵”。“矩阵”一词是个术语，但其言外之意更多地指向人们的行为，而非其组织的形式。这种可能不切实际的自我声明同样说明，很多高管对矩阵概念的熟悉和接受程度上升了。

通过展示矩阵在各类情形下的适用性，以及建议一些方式将貌似激进的概念转变为人们熟悉且合理的设计，我们希望能拓宽对矩阵式结构的传统态度。矩阵式结构虽然有其天然挑战，但其影响在逐渐扩大。它很复杂、很困难，需要人的灵活性从而为组织带来灵活性，但反过来说也是对的。我们认为，正是由于这些原因，很多管理者刻意回避了矩阵式结构。至今为止，学术文献对于矩阵式结构的使用仍然局限于高科技项目的组织。我们已经展示了，不管在理论上还是实践中，矩阵式结构都拥有更广的适用性。行为描述中充满了类似于“紧张”、“冲突”和“困惑”等词语。对很多人来说，这些词语令其不快，但这似乎能改善业绩表现。成功赋予了它合理性，而随着矩阵概念的传播，人们逐渐降低了对它的抵触情绪。

在20世纪60年代末的太空年代期间，矩阵式结构开始赢得人们的接纳。事实上，矩阵式结构在70年代早期曾一度成为流行趋势。即使那些绝不应该采用矩阵式结构的组织也都体验了一把矩阵的形式。矩阵差点成为从行为科学众多概念中被人们抓住的又一个热门概念，这很危险。这种情况发生时，往往会带来灾难性的后果，因此人们开始认为，如果组织乱尝试矩阵式结构的话，很可能会引火上身。然而，尽管遭遇了一些灾难性的事故，矩阵式结构依旧赢得了尊敬。它从必要的结构变成了人们渴望的结构。

越来越多的组织感到有压力对两个或两个以上的关键业务领域同时做出回应，也就是说，它们需要同时在职能和产品、服务和市场多个领域进行考虑和组织。提升信息处理能力方面的压力也越来越大，而最近的科技进步使得多重矩阵系统成为可能。最后，显然人们已经愈发意识到了所有资源的稀缺性，因此产生了追求规模经济的压力。如我们所描述的，这些正是促使矩阵型组织出现的充分必要条件。因为这些条件正变得越来越普遍，我们也认为更多组织将不得不开始考虑矩阵型组织形式。

每个转向矩阵式结构的组织，都可以看到各种类型的多位先驱探明的路径。尽管我们认为矩阵式结构必须从组织内部培养起来，但是越来越广泛的应用实例说明，矩阵式结构的实验性质逐步降低，矩阵越来越接近一种成熟的组织设计形式。其中，对矩阵概念的熟悉度降低了恐惧感。随着越来越多的组织攀上矩阵式结构的学习曲线，该学习曲线本身也变得越来越容易攀登。同样地，越来越多管理者在矩阵型组织中学习到更多经验，当他们随着职业发展进入其他组织时，也必然会将矩阵式结构的经验传播开来。

当先行者尝试全新的组织形式时，成本是高昂的，而且往往会带来很多伤害。对于率先尝试矩阵式结构的组织和个人而言，同样如此。然而，随着矩阵成为人们更熟悉的一种备选方案，其转变成本和压力已经随之下降。如今，我们认为矩阵的概念已不再属于激进的观念，对于矩阵设计的理解得到了广泛传播，而转变所带来的经济和社会效益也已开始增加。

第8章 结构——前路迷茫

本章内容摘自一部独特的，而且非常重要的著作。新的结构是否有必要？作者的回答是有必要，并以通俗易懂的方式向读者解释了为什么。新的结构有可能实现吗？所谓的“自设计组织”是怎样的？这些都是前沿性问题。在我看来，这部分内容既让人感到挫败，也令人振奋，而且我相信，这篇文章所提出的问题是任何想了解组织的人都无法回避的。

设计符合未来趋势的组织[1]

Bo L. T. Hedberg Paul C. Nystrom William H. Starbuck

如果能够准确预测，组织就有可能符合未来世界的趋势。但就算做出了预测，谁又能知道到底哪个预测是准确的呢？有预测称，如果对资源消耗进行限制，未来就会出现能源紧缺、饥荒以及生态环境衰退[6，7，25]；对资源消耗的限制会准许非工业化社会增加资源消耗，而要求工业化社会减少资源消耗。还有预测认为，如果对能源消耗的限制决策是基于社会和政治状况做出的，而非基于生态学，就会导致不同的社会出现不同的增长速度[18]。也有其他预测坚称，资源消耗可以不受限制地增长，因为在太阳能、新农业技术、污染控制，以及创新领域仍有大量未发掘的潜力[4，13]。五花八门的预测数量甚至超过了做预测的人数。

但是，在对于未来组织的有效设计方面，各个预测之间的差异却可以忽略不计，因为所有预测都认为未来会出现快速的社会和技术变革。资源消耗的均衡状态不会阻止变革的出现，反而很可能会促成变革。因为资源总量是一定的，所以在开启一些新活动的同时，必然要停止某些旧活动，因此走向

1 Bo L. T. Hedberg， Paul C. Nystrom， and William H. Starbuck， “Designing Organizations to Match Tomorrow，” *Prescriptive Models of Organizations*， pp. 171-181. （Amsterdam: North Holland Publishing Company， TIMS Studies in the Management Science， Vol. 5，1977）. 经许可转载。

衰退的活动比例将会增加。由于大部分社会和技术变革是无法被压制的，因此资源消耗的均衡状态会带来不同社会之间和社会内部更为迅速的变革。此外，如果组织继续按照其惯性运转，工业化社会中的资源消耗将超过长期均衡水准；削减资源消耗会导致困境，而这可以通过渐进式的转变得以避免。

组织的内部惯性同样会阻碍技术创新的产生与应用。如果技术创新提升了人均资源消耗，而且允许人口不断增加的话，全球正在接近饱和的生态环境大概率会对资源消耗施加越来越多的限制。一旦有更好的方法出现，破坏生态的或低效率的方法必将无情地被驱逐出局。组织只有努力降低其惯性，否则带有传统惯性的组织必然会更频繁地被取代。

由于社会和技术变革的速度似乎在不断加快，因此社会机构应当被设计为能够适应快速的变化并从中受益。如今，很多机构都觉得快速的变化给他们造成了压力，主要是因为私人组织和公共组织的网络缺乏适应性。本章讨论了提高组织适应性的方式，从而使社会能够更有创造力地应对生态限制和技术创新。下一章解释了处于宽容环境中的组织是如何积累惯性，从而很难应对进入新的、多半是不太宽容的环境的转变的。之后，本章描述了一些基本的备选方案，可供希望指导组织方向的政策制定者选用。本章倡导组织的最高领导者和政策制定者鼓励自设计组织的演化，即在发展过程中，不断诊断自身重大问题，探索未来道路，并找出新的解决方案。自设计组织的部分关键属性已经在最后几章中进行了清晰的描述：传递多样性信息的参与式信息系统，终结自满态度并鼓励好奇心的战略性实验，以及在快速变化的工作环境中仍能提供令人满意的生活的工作和职业机会。

由于环境的宽容而变得死板

人的心理特点是决定组织行为的重要因素。人类的大脑只能同时分析少 数几个影响因素，如果陷入权衡多个未来不确定因素的困境就会死机。因此，组织必须保持其活动的简单性——将任务拆分成多个小任务，忽略意外事件和潜在选项，集合外部刺激因素，然后以标准化的程序回应。例如，会计师和内部收入顾问可以用多种经验法则来比较税收返还申请，这样就不必在符合常规模式的返还申请上浪费精力去调查。

标准化的程序能否产出良好的解决方案，依赖于环境的稳定性和宽容度。如果环境的变化缓慢，则可以为想出新方法和改善旧方法提供足够多的时间。但是，组织不会试图改善目前看似有效的方法，而熟悉的结果往往被认为接近最佳的结果。宽容的环境很少会产生让组织心生警惕的威胁，因为错失的机会不会像客户投诉、法律纠纷或财务损失那么明显。

数十年来经济几乎不断增长，使得工业化社会中的组织高度依赖其标准程序。很少有标准程序失败的信号产生，即使对于刺激源的理解稍有偏差，从而回应稍有不妥，资源冗余也足以消化因此而导致的错误；组织可以逐渐地创造新的回应。组织的失败通常都是由于对管理缺乏经验，以及未遵循传统做法，而非由于环境产生的压力。

此外，标准化的程序是为逐渐扩张的经济体量身定制的。预算被当作最低目标而不是组织扩张的上限；财务规划关注增长的最大化，同时为临时性的衰退留出了小小的缓冲。对于长期的承诺，如客户的采购合同，想当然地认为自身的生产力会随着学习、规模收益以及技术创新而不断增长。对产品或服务需求的预测反映的是管理者的雄心壮志，而非外部的现实情况[5, 26, 27]。

持续的宽容环境会降低组织对环境事件的敏感度和相应的行动力。投入在监控环境变化上的资源越来越少。规划取代了信息，成为组织内协作的媒介。冗余和非逻辑性的行为从工作分配和权力领域中被移除。组织的意识形态演变成了标准化的程序，遵循传统成了对成就的主要评判标准[3, 10, 20, 24]。

指导组织方向

如果组织在未来将面对快速的变革和宽容度降低的环境，那么政策制定者将面临两种基本选择。一种选择是接受大量的组织消亡，让资源从消亡的组织转移至新生的组织。另一种选择是，让组织变得适应性更强，以便能够在未来改变了的环境中幸存下来，探索和继续发展。

这两种选择并不互相排斥，政策制定者很可能双管齐下。然而，比起提高组织的换手率，改善组织适应性所需的资源更少，益处也更多。相比于突然的、革命性的转变，小规模、增量型的改变可以降低组织和组织成员面对的难度。组织的消亡几乎总是会导致成员的心理压力，消耗人力物力资源。因此，旨在提高组织消亡和新生率的政策需要有效的体系，来将消亡组织的资源转移至新生的组织。目前，有效的资源转移体系主要用于转移财务资源，而人力、知识以及设备的转移处理则相当薄弱。除非组织能比之前的组织更好地适应长期环境的限制，用一个组织替代另一个组织只会带来临时性的收益。很难有人能信誓旦旦地说他对未来足够了解，知道哪些组织最应该消亡，或者最应该创建哪些组织。

组织设计的传统策略始于对组织未来会面临的压力的预测，进而试图设计能够满足未来需求的组织。尽管这类面向预测的设计十分常见，但其现实性和有效性仍值得怀疑。

面向预测的设计的部分不利因素源于考虑未来因素的困难性。在未来可预测的程度上，识别未来会出现的某些限制是容易的，但想象可能在限制下产生的机遇就难得多。因此，面向预测的设计偏向于保守的解决方案，很难利用环境的全部优势。

面向预测的设计很容易成为自我实现的预言：它们可以创造出符合自身设计目的的情境。例如，如果预测认为会出现大量的技术创新，组织便可以合并大型研究部门从而催生出技术创新。类似地，如果公共机构认为客户群体中会出现强烈的敌意，他们便可以设置有形的障碍和严格的规定保护员工免受客户的侵害，并利用难懂的术语和没有人情味的流程将客户置于劣势，而沮丧与困惑的情绪会滋生出恶意与反抗。在很多案例中，预测做出的主要贡献恰恰是促成某个特定方向上的社会变革。

如果政策制定者想要促使特定的社会变革发生，他们就要认识到隐含在其社会政策下的价值前提，而且应该在比较其他可能性之后公开选择政策。

但是，高层管理者和政策制定者是否应该直接控制社会变革，这一点依然很不清晰。

另一种设计组织结构以符合未来趋势的方法是采用如下策略：高层管理者和政策制定者的角色定位为数学老师，其工作有效性体现为学生解决算术问题的能力，而非他们自己解决这些问题的能力。在这一策略中，目标从政策制定者创造解决方案转变成结合硬件、软件和人，从而不断地创造、修改、适应、生成，以及修正他们自身的解决方案[11]。

相比于依靠预测的组织，自设计组织在处理未知的未来方面显然更有前途。自设计组织可以评估自身的优劣势，创造新的机会而非维护过去的做法；它们能适应意想不到的情况，也能抵抗自身内部惯性的累积。

自设计组织的主要先决条件可能是坚信世事无常的意识形态。组织应该被视作路径，而非终点。组织成员应避免在目前的角色和方法中获取个人的满足感，而应在创造未来的活动和技能中寻求满足。目前的方法和政策应被不断地质疑，策略应当是进行一环扣一环的实验。即便对貌似够用的方法也应该抛弃，从而能够开展新的尝试[15，31，32]。

自设计组织至少会遇到三类技术性问题。第一，自设计组织需要及时获得关于其环境和业绩表现变化的信息。第二，需要使用新的方法来抵消组织内部的惯性，确保组织不断探索新的未来。第三，自设计组织对于其成员的工作和激励体系都有要求，即要求他们对工作任务和新的工作体系抱有全新的态度。在下文中，将按顺序谈论这些问题，并指出政策制定者和管理者可以采取哪些行动来培育出自设计组织。

传达变革信号

自设计组织依靠的是有效的信息系统，可以根据内部和外部条件的变化及时触发调整。该信息系统的重要特点包括多种来源的输入信号，以及对于变化的快速察觉。例如，有研究发现，与信息系统主要关注经济指标的医院相比，信息系统着重关注成本和医疗表现的医院更能够以低成本获得高质量的治疗效果，也能够更好地使其内部结构与环境要求相匹配[8]。另一项研究则发现，盈利更高的企业往往是采用多方面的标准进行自我评估的企业[9]。

尽管最新的计算机技术可以改进信息的处理过程，但是所处理的信息仍然需要重大的改进。目前，大部分组织主要依靠会计体系和正式报表来衡量它们的业绩表现，但这些衡量措施只能说是很小的一部分。突然发现自己深陷困境的组织，往往是过于依赖标准程序和正式报告的[24]。由于会计体系主要反映的是物资和财务资源（而忽视了拥有技能的人士、专门技术，或对未来市场的投资），所以会导致组织不断积累起隐性的资源，却因为没有识别出趋势或衡量趋势的重要影响，而浪费了这些资源[12]。

如果缺少能被普遍接受的业绩衡量方法，组织在发现自身不足时，就可以相应地改用新的工作业绩衡量手段[22]，以便更恰当地反映它们的活动。即便业绩衡量方法是被普遍接受的，不充分的向上沟通也会为评估和适应带来问题；因为信息在从组织下层往上层的决策中心传达的过程中，常常会被扭曲或阻塞。

通过引入外部专家或更好地利用内部专家参与组织治理，可以改善组织的自我评估。工人、客户、顾客、供应商、病人、政府机构、利益集团、公民等各方代表都可以提供关于组织所在环境中机会和威胁的额外信息，或者揭露组织中隐藏的困难，从而改善组织的反应时间与决策依据。此外，参与组织治理能够提升组织成员的忠诚度，加强面临快速变革时组织的凝聚力。拥有非正式、非层级关系的沟通渠道的组织在面对环境变化的时候可以更快速、更轻松地做出反应。

对组织治理过程更广泛的参与，需要通过信息系统确保所有参与者都能得到足够的信息。虽然目前，电子信息技术主要是被高管用来提高其控制力，但它也可以帮助促进分散式决策，并将决策辅助工具与准确的信息分发到下层的员工、客户、顾客或社区成员[21，28]。

管理者和政策制定者应该如何改善业绩衡量方法呢？相比分配资源去设

计更加复杂的绩效评估方式，政策制定者更应该着重培育非正式沟通渠道，鼓励管理者从不同的群体中获取绩效评估反馈。此外，政策制定者和管理者还应该减少对于正式会计体系的依赖，拒绝报表中会误导人的对过去业绩和对未来预期的精确衡量。高管应当更多地监控环境，而更少地关注内部方法。他们应该投入时间和精力，寻找能够衡量组织成功（包括生态后果）的新手段。

激发组织的好奇心

管理理论花费了大量篇幅规定技能专业化、系统化协作、明确的目标，以及明确的权力结构。这些被广泛接受的规定认为，组织应在内部进行区分，然而同时保持和谐，应当使用正式的沟通渠道，行动果断且保持一致。这样的特性可以改善组织在变化缓慢的环境中的表现：临时性的特殊分析可以被标准程序取代，程序可以复用，减少到只留下核心元素，然后保留在固定设备和培训项目中；沟通精简成高效的代码，职责能被准确地描述[7，14，30]。因为这些都是为比较宽容、变化相对较慢的环境设计的方法，所以如今的组织逃避争论和冲突，并将逻辑和理性强加在自身的活动上。

快速的变化会要求试图生存下来的组织勇于冒险和实验。数量稳定的组织之间的竞争，或者来自技术创新的压力，都会有利于那些能够抓住机会和创造特殊竞争力的组织。提高冒险精神会增加组织消亡的可能性，但也会改善存活下来的组织的适应能力。

自设计组织所需要的规划体系要能够预期到意外情况发生，并激发好奇心，这样的体系与目前提倡的长期规划不同。事实上，对于英国企业的一项研究发现，没有证据表明目标、明确定义的角色或正式规划与财务表现或创新能力正相关。相反，财务表现与非正式、非官方的沟通渠道，以及在审核公司政策时所使用的不同信息种数正相关。与战略形成机制不那么系统化的组织相比，拥有精细的长期规划体系的组织似乎更难以探索未来[9]。

只有当组织对现状不满意的时候，才会寻求新的行为模式，这往往是由失败的征兆、时而产生的质疑，以及对此前努力的重新评估和策略调整所触发的。组织目标清晰、逻辑化地分配任务、毫无不确定性的做法，并不会培育出重新评估的行为。因此，自设计组织应该利用逻辑矛盾、不确定性，以及重叠性来对抗故步自封，激发创新。

减少组织惯性的所有努力的核心是，引导组织按照“不存在最理想的状态”的方式运作。用目前的方法实现目标应当被视作暂时的现象。同时，应该以一系列实验的方式来规划行为，从而测试环境现象的稳定性，并发现更适合未来的行为方式，而且即使在找到理想的行为方式之后，也应该继续实验。因为不断变化的环境和不确定的未来要求组织不断按照未知的标准进行优化。相比起一次性解决所有问题（而问题未来也会改变）的方案，不断试错迭代是更合理的轨迹[1，2，16，29]。

通过让组织在不同时间段追求不同的目标，让不同的部门同时追求相互矛盾的目标，以及追求迭代改进而非寻找全局优化方案，我们都可以更好地激发实验[32]。所有这些策略都可以让组织成员明白，目标和标准只是近似的估计，都可以被修正和改善。

设计的关键挑战是如何平衡能够自由支配、不受约束的资源水平。如果组织决定要开展实验，开发出新的能力，承担风险，在新的环境转变中幸存，就必须有可自由支配的资源。但是如果可自由支配的资源量过大，就会导致对变革的警戒性不足，从而适应能力削弱。

如果政策制定者和管理者希望鼓励组织的适应能力，在惩戒创业式的冒险行为时就应该三思。职位的升迁和激励应该授予那些脱离熟悉的方法，愿意承担风险，提出富有想象力的问题的人。偶尔的失败属于每个管理者的权利，此外，政策和教育项目应当着重培养对未知进行探索的意识形态，而非对已知知识的掌握。政策制定者和高层管理者不应该批评组织单元目标不明确或自相矛盾，或者重复其他子单元的活动的行为，相反，他们应该将冲突和模糊性视作健康变革的推动者。投资政策和税收激励政策应当偏向于拥有多样化用途的灵活资产，并鼓励对现有资产循环使用的行为。招聘标准应该着眼于人的灵活性，对学习的热情，而且组织应当设立项目帮助其成员摈弃过时的传统和标准化的程序。合同和承诺则应该避免做出长期的规划，将注意力转移到短期上来。

生活在自设计组织中

以灵活性为导向意味着大多数的人际关系都是短暂的，工作任务会经常变化，等级和特权也会变化。这可能造成较高的人员流失率，因为有些人不喜欢新安排的任务就会离开，有些具有所需能力的人被引入进来。部门、工作组和个人均需要一定的自由空间，帮助评估和调整自己的方向，自由空间反过来也意味着他们可能犯错，甚至损害自身的利益。

有几个重要的原因导致我们想知道人们对此类工作的满意度如何。人们从快速消失的成就感和自动假设为有错的解决方案中能得到多少自豪感？那些喜欢稳定清晰明了的任务的人能够学会从容应对无穷无尽的试验和调整吗？不一致和模糊性是否会带来人际间的冷漠和疏远，正如巴甫洛夫的狗所表现的那样？我们对此类问题知之甚少。不稳定的实验状态可能让当今的人们感觉不舒服，主要原因是当今的组织均提倡稳定性、一致性和持久性。也许人们能够从保持组织生存的活动中获得满足感，正如他们现在从重复的活动和熟悉的结构中获得的满足感一样[32]。也许人们会对创造新方法而不是重复使用简单的方法感到骄傲，也许人们可以享受部分地回答重要问题，而不是精确地回答不准确的问题[19]。也许在不同组织中从事类似工作的职业生涯比在同一组织中从事不同工作的职业生涯更快乐，更容易令人满足[23]。

政策制定者和管理者应采取怎样的措施来改善就业体系？应鼓励人们尝试不同的工作，应开发跳槽体系，以降低寻找新就业机会、进入新组织或改变职业的难度和成本。人类的长期财务安全感不应依赖于在同一组织的持续就业。应广泛传播职位空缺信息，也许是通过公共服务支持的信息系统来实现。教育课程应降低对分工过细的专业的关注度；教育政策应将学习视作终生活动。应创造机会，使人们能够通过时间来分摊中期职业方向调整的成本。对于个人而言，还应拥有足够的自由来进行创新、试验和适应，正如组织中的员工能够做和将要做的一样。

开始行动

因为没有人能够准确预测未来，所以没有人能够设计可应对未来挑战的组织。但是，通过快速适应现实，自设计组织能够降低预测错误的成本。自设计组织可对自己进行调整以便适应未来。

个体组织可努力实现自设计，并坚持这么做，它们中有一些可能会成功。但当今的社会环境严重阻碍了孤立的个体组织重新设计的努力，而且自设计组织不会流行起来，除非它们能够得到相关社会机构和意识形态的支持。人们将不得不面对系统方法、理性分析和一致性行为的缺陷；人们将不得不承认无常、分歧、不充裕、不确定性和模糊性的优点。社会不得不将鼓励人员流动和信息流动的新技术投入使用，以及制定新政策，促使人员和组织持续试验和采取灵活战略。政策制定者和管理者，以及我们中的每个人，都必须尊重个体行为、组织行为和社会行为之间的互补性，因为支持自设计组织的社会机构本身就必须得到自下而上的支持。

很难看出我们能采取什么样的措施，将世界从现有状态带到应该实现的状态。然而，无知本身就是行动的信号灯。这意味着我们应该在追求不确定且易变的目标的过程中，通过不断尝试逐渐找到我们应采取的措施。不知道该采取何种措施也有一定好处，因为这意味着未来仍需进行更多尝试。兴奋和乐趣来自进行设计的过程，而非已设计好的结果。

参考文献

[1] Box, George E. P. and Draper, Norman R., Evolutionary Operation, Wiley, New York, N. Y., 1969.

[2] Campbell, Donald T., "Reforms as Experiments," American Psychologist, Vol. 24 (April 1969), pp. 409-429.

[3] Clark, Burton R., " The Organizational Saga in Higher Education ," Administrative Science Quarterly, Vol. 17 (June 1972), pp. 178-184.

[4] Cole, H. S. D., Freeman, Christopher, Jahoda, Marie, and Pavitt, K. L. R., (eds.), Models of Doom: A Critique of The Limits to Growth, Universe, New York, N. Y., 1973.

[5] Crecine, John P., Governmental Problem Solving, Rand McNally, Chicago, III., 1969.

[6] Forrester, Jay W., World Dynamics, Wright-Allen, Cambridge, Mass., 1971.

[7] Galbraith, Jay R., Designing Complex Organizations, Addison-Wesley, Reading, Mass., 1973.

[8] Gordon, Gerald, Tanon, Christian, and Morse, Edward V., Hospital Structure, Costs, and Innovation, Cornell University, Ithaca, N.Y. (working paper), 1974.

[9] Grinyer, Peter H. and Norburn, David, "Planing for Existing Markets: Perceptions of Executives and Financial Performance," Journal of the Royal Statistical Society, (Series A), Vol. 138 (Part 1, 1975), pp. 70-97.

[10] Hedberg, Bo L.T., Organizational Stagnation and Choice of Strategy, International Institute of Management, Berlin, Germany (working paper), 1973.

[11] Hedberg, Bo L.T., Nystrom, Paul C., and Starbuck, William H., "Camping on Seesaws: Prescriptions for a Self-Designing Organization," Administrative Science Quarterly, Vol. 21 (March 1976), pp. 41-65.

[12] Hopwood, Anthony G., “Problems with Using Accounting Information in Performance Evaluation,” Management International Review, Vol. 13(2-3, 1973), pp. 83-98.

[13] Kahn, Herman, Brown, William, and Martel, Leon, The Next 200 Years: A Scenario for America and the World, Morrow, New York, N.Y., 1976.

[14] Khandwalla, Pradip N., “Mass Output Orientation of Operations Technology and Organizational Structure,” Administrative Science Quarterly, Vol. 19 (March 1974), pp. 74-97.

[15] Landau, Martin, “On the Concept of a Selfcorrecting Organization,” Public Administration Review, Vol. 33 (November-December 1973), pp. 533-542.

[16] Lindblom, Charles E., “The Science of Muddling Through,” Public Administration Review, Vol. 19 (Spring 1959), 79-88.

[17] Meadows, Donella H., Meadows, Dennis L., Randers, Jorgen, and Behrens, William W., III, The Limits to Growth: A Report for The Club of Rome’s Project on the Predicament of Mankind, Universe, New York, N.Y., 1972.

[18] Mesarovic, Mihajlo and Pestel, Eduard, Mankind at the Turning Point: The Second Report of The Club of Rome, Dutton, New York, N.Y., 1974.

[19] Mitroff, Ian I. and Featheringham, Tom R., “On Systematic Problem Solving and the Error of the Third Kind,” Behavioral Science, Vol. 19 (November 1974), pp. 383-393.

[20] Mitroff, Ian I. and Kilmann, Ralph H., “On Organization Stories: An Approach to the Design and Analysis of Organizations Through Myths and Stories,” in the Management of Organization Deisgn: Volume I, Strategies and Implementation, Ralph H. Kilmann, Louis R. Pondy and Dennis P. Slevin (eds.), Elsevier North-Holland, New York, N.Y., 1976, pp. 189-207.

[21] Mumford, Enid and Sackman, Harold, (eds.), Human Choice and Computers,

North-Holland, Amsterdam, The Netherlands, 1975.

[22] Nystrom , Paul C., "Input-Output Processes of the Federal Trade Commission," Administrative Science Quarterly, Vol. 20(March 1975), pp. 104-113.

[23] Nystrom, Paul C., "Designing Jobs and Personnel Assignments," in Handbook of Organizational Design, Paul C. Nystrom and William H. Starbuck (eds.), Elsevier North-Holland, New York, N.Y., forthcoming.

[24] Nystrom, Paul C., Hedberg, Bo L. T., and Starbuck, William H., "Interacting Processes as Organization Designs," in the Management of Organization Design: Volume I, Strategies and Implementation, Ralph H. Kilmann, Louis R. Pondy, and Dennis P. Slevin (eds.), Elsevier North-Holland, New York, N.Y., 1976, pp. 209-230.

[25] Oltmans, Willem L., On Growth, Putnam' s, New York, N.Y., 1974.

[26] Pondy, Louis R., "Effects of Size, Complexity, an Ownership on Administrative Intensity," Administrative Science Quarterly. Vol.14 (March 1969), pp. 47-60.

[27] Schumacher, Ernst Friedrich, Small Is Beautiful: A Study of Economics as if People Mattered, Blond and Briggs, London, England, 1973.

[28] Simon, Herbert A., "Applying Information Technology to Organizational Design," Public Administration Review, Vol. 33 (May-June 1973), pp. 268-278.

[29] Starbuck, William H., "Systems Optimization with Unknown Criteria," Proceedings of the 1974 International Conference on Systems, Man and Cybernetics, Institute of Electrical and Electronics Engineers, New York, N.Y., 1974, PP. 67-76.

[30] Starbuck, William H. and Dutton, John M., "Designing Adaptive Organizations," Journal of Business Policy, Vol. 3 (Summer 1973), pp. 21-28.

[31] White, Orion F.,Jr., "The Dialectical Organization—An Alternative to Bureaucracy," Public Administration Review, Vol. 29 (January-February 1969), pp. 32-42.

[32] Wildavsky, Aaron B., "The Self-Evaluating Organization," Public Administration Review,Vol. 32 (September-October 1972), pp. 509-520.

第9章 关系——诊断个体之间的冲突

通过以下简单的陈述将人际冲突的分析分为三类：

1．分歧的性质。各方争论的焦点是事实、目标、方法，还是价值观？

2．根本的影响因素。各方获得的是同样的信息吗？他们是否用不同的眼光看待这些信息？每个人如何受到自身角色的影响？

3．发展的阶段。各方现在所处的阶段是预计会发生冲突、在公开冲突中，还是介于这两者之间？本章作者找出了五种可能的发展阶段来用于诊断。[1]

分歧管理[2]

——如何诊断问题及其原因

——如何决定最好的行动步骤

Warren H. Schmidt Robert Tannenbaum

当管理者处理人与人之间的分歧时，往往是他感到最不舒服的时候。由于这些分歧的存在，他必须面对不同意见、争论甚至公开冲突。让他更不舒服的是，他往往还会发现自己被两种对立的渴望所折磨。一方面，他想释放下属的个性，以便充分发挥他们的潜能，为问题找出创新性的解决方案。另一方面，他渴望建立一个和谐、平稳运行的团队，以便实现组织目标。当分歧真的出现时，激烈的情感被频繁激发出来，客观性消失，自我受到威胁，人际关系处于危险之中，管理者的烦恼又进一步增加了。

1 Warren H. Schmidt and Robert Tannenbaum，"Management of Differences，" Section III: "Managing Conflict，" in John Adams，ed.，*New Technology in Organization Development*，NTL Institute，1973.

2 W. Warner Burke and Harvey A. Hornstein，*The Social Technology of Organization Development*，La Jolla，Calif.: University Associates，© 1972. Reissued by University Associates. 1976. 经许可转载。

实现有效管理

由于分歧的出现会使管理者的工作在很多方面大大复杂化，所以对他而言，完全了解这些分歧并学会有效解决它们是非常重要的。本章的目的是帮助管理者理解与他共事的人之间的分歧，提高与人合作的能力，进而更有效地进行管理。

为便于叙述，接下来的大部分内容将关注同一位管理者的下属之间的分歧。但是，我们的建议是，我们在本章中讨论的原则、概念、方法和动力也适用于小组之间的分歧、组织之间的分歧，以及国际分歧等。

我们的基本论点是，管理者有效处理分歧的能力取决于：

- 诊断分歧和理解分歧的能力。
- 能够意识到存在很多可能的行为，并选择适当的处理行为的能力。
- 能够觉察并处理自身感受能力，尤其是那些可能降低自身社会敏感性（用于诊断的洞察力）和行为灵活性（表现得当的能力）的感受。

我们的解决方法涉及两个基本假设。在进一步讨论之前不妨来看看这两个假设：

人们之间的分歧不能单纯地判断为“好”或“坏”。有些分歧会对组织带来很大益处；有些分歧则具有破坏性，会降低个体和组织的整体有效性。

分歧的处理不存在一种“正确的”方式。视情况而定，最佳方法可以是避免分歧、压制分歧、将分歧激化成明确的矛盾，或者利用分歧解决复杂的问题。一直试图息事宁人的管理者可能并不是最有效的管理者。过于强调个性和分歧，事后才考虑合作和团队的管理者也不是成功的管理者。我们认为，合格的管理者有能力运用多种方法，而且能够在富有洞察力的分析和综合衡量各方影响因素后，选出某种具体方法来应对分歧。

诊断分歧

当管理者的下属处于激烈争论中时，他们往往不会使用一种系统化的方式来解决分歧。通常他们还没搞清楚问题是什么，他们可能更倾向于“对别人不停地说”而不是真正的交流。如果管理者要在此时起到帮助作用，他必须提出三个重要的诊断问题：

1．个体之间分歧的性质是什么？

2．分歧背后的影响因素是什么？

3．人际层面的分歧已经发展到哪个阶段了？

分歧的性质

首先看看第一个问题，分歧的性质取决于人们产生争议的问题类型。一般存在四类问题：

事实。此种情况下，分歧产生的原因有多种：个体对问题的定义不同，所掌握的相关信息各不相同，接受或拒绝认定为事实的信息有差异，对各自的权力和权威性具有不同的认知。

目标。此种情况下，分歧的焦点在于将要完成的目标，即组织内的某个部门、分支机构、小组或职位所需要完成的目标。

方法。此种情况下，个体对实现某一共同追求的目标所需的步骤、策略或手段有不同的看法。

价值观。此种情况下，分歧与道德标准相关——权力行使方式、道德考量，或有关正义、公平等的假设。此类分歧可能影响人们对于目标或方法的选择。

当各方对分歧性质不了解时，会延长争论，增加困惑。通过找出分歧来源，管理者就能够更好地判断如何利用和引导争论，以符合该组织的短期和长期利益。正如后文所述，当分歧与事实有关时，可以采取某些合理步骤来化解分歧；当分歧与目标有关时，则可以采取另一些步骤来化解；当分歧与方法或价值观有关时，还可以采取其他一些适用步骤。

根本的影响因素

面临分歧时，管理者仅仅了解分歧的内容是不够的。他应该提出的第二个问题是为何存在分歧。在寻找这一问题答案的过程中，我们需要了解下述信息：

- 分歧者是否能获取到同样的信息?
- 分歧者是否会对相同信息产生不同的认知?
- 每位分歧者是否受到他在组织中角色的巨大影响?

这些问题涉及信息因素、认知因素和角色因素。

信息因素：当人们基于不同的事实导出不同的观点时发挥影响。盲人和大象的古老传说能够生动地解释这一点。由于每个盲人接触的都是大象的不同身体部位，因此每个人都对这种动物的本质产生了非常不同的意见。同样地，当两个人对同一个复杂问题分别接收到了有限的信息时，他们在一起解决问题时很可能对问题的本质产生分歧。

认知因素：当人们对同一刺激产生不同印象时发挥影响。每个人都会从自己接收到的信息中选择自己认为重要的部分。每个人都会以不同的方式对信息进行解释。每个人都会将自己的生活阅历代入信息数据中，对信息进行高度个人化的过滤。因此，他所理解到的部分是他个人所特有的。这样一来，同样的基本事实就可能在不同人的脑海中产生显著不同的画面，这是不足为奇的。

角色因素：当个体在社会或某个组织中享有一定地位或担任某个职位时发挥影响。当讨论的问题与其角色有关时，他的职位或地位可能对他造成某些约束。

以上我们讨论的概念可以通过一个具体案例展现出来，如附表I所示。

发展的阶段

人们之间的重大冲突通常都不是突然爆发的，它们会经历不同的阶段。

从某种程度而言，管理者能否有效地引导分歧各方的能量，取决于他干预进行调解的阶段。

诊断分歧的方式之一（第三大问题）是识别其处于发展的五个阶段中的哪一个。

附表I 分歧案例

事实

分歧产生于公司是否应该引入一种自动化记账系统来代替目前的人工记账系统。该公司的办公专家倾向于立即引入此类系统，而会计部门主管反对引入此系统。具体的分歧内容和可能发生分歧的原因如下所述：

分歧的性质

	事实分歧	方法分歧	目标分歧	价值观分歧
办公专家	“自动化系统将为公司节省成本。”	“新系统应一次性安装到位。”	“我们想要一种能够在需要时快速给我们提供准确数据的系统。”	“我们的办公方式必须现代化且高效。”
会计部门主管	“新系统的安装和操作费用比以前更高了。”	“我们慢点，一步一步来。”	“我们很需要一个灵活的会计系统来满足不断变化的需求，以方便会计师解决突发难题。”	“我们必须考虑忠心为公司服务多年的员工的福利。”

分歧的原因

	办公专家职位介绍	会计部门主管职位介绍
信息因素（接触不同信息）	他研究了描述同类可比公司在使用自动化系统后所节省成本相关的文章。机械公司的代表为其提供了未来十年内预计节省的成本数据。	他听说自动化系统存在“隐性成本”。他对其认为必要的设备进行了定价，并预估了其折旧情况。预估成本远高于可替代工人的薪资水平。
认知因素（由于背景、经历等不同而对同一数据产生不同的解释）	他认为机械公司的代表很精明，有效率且对会计计算流程颇为了解。他感觉他们对公司需求的分析是可靠的且值得信赖的。	他将机械公司的代表看作销售人员。他们的目标是销售机器，应谨慎小心地对待他们的报告和分析。
角色因素（由于地位或职位原因此需采取某一立场的压力）	他认为公司将其看作负责保持系统与时俱进且效率最大化的专家。	他感觉自己应该对财务部门的士气和安全负责。当忠诚和效率受到质疑时，他必须时刻捍卫它们。

第1阶段：预期阶段。管理者了解到其所在的公司打算安装全新的自动化设备，帮助减少特定部门的工作数量，并改变工作性质。他预料到当这个信息公布出去时，大家会对是否有必要进行此类变动以及设备引入方式产生不同意见，因此他需要处理此类分歧。

第2阶段：意识到分歧但未表达的阶段。有关新设备引入的消息传播开来了。公司员工分成各个小群体对此进行讨论。他们对该信息的可靠性没有把握，但公司的氛围开始紧张，感觉争议和麻烦即将出现。

第3阶段：讨论阶段。新设备安装计划公告已贴出来了。大家争相提问来获得更多信息，了解管理层的意图，并试探该决定的可靠程度。在讨论期间，个体的不同意见开始公开浮现。但不同意见是通过他们提出的问题和使用的语言暗中流露的。

第4阶段：公开争论阶段。工会代表与负责人碰面，提出一些论点，要求改变计划。负责人一一反驳，给出相关原因，说服管理层做出安装设备的决定。之前的含蓄和试探性的表达现在激化成态度更为鲜明的观点。

第5阶段：公开冲突阶段。每个人都坚定了他们对此问题的立场，争议点更清晰了。结果只能用输赢或妥协来描述。每位争论者不仅试图提高其论点的效力及自己在当前形势中的权力，还试图削弱反对者的影响力。

管理者在每个阶段的干预权力是不一样的。如果他在第1阶段进入，他的影响力可能是最大的；如果他在第5阶段干预，影响力是最小的。在冲突的不同阶段，可能的行为和表现也会出现很大差异。因此，管理者不仅要评估每个争议的性质和影响相关个体的动力，还要评估争议已发展到哪个阶段。

方法选择

管理者找出下属之间的分歧（或可能存在的分歧）之后，就会面临采取行动的问题。有两个问题能帮助他更好地思考：

1．可能采取什么样的行动步骤？

2．选择最佳行动必须考虑什么？

首先我们假设，管理者有时间预计到并准备好应对即将发生的分歧，我们建议他通常可以采取下述方法：（a）避免分歧；（b）压制分歧；（c）将分歧升级为冲突；（d）化分歧为创造。在决定使用哪种方法时，管理者的首要考虑是哪些方法能够对组织产生最大效益。

避免分歧

管理者是有办法避免其下属产生很多分歧的。举个例子，他可以雇用那些经历大致相同的人作为组织员工。一些组织会选用和提拔那些经历相似的人，接受过类似的培训，来自社会的类似阶层等。由于具有共同的背景，这些人看待问题的方式类似，具有共同的兴趣爱好和目标，解决问题的方式也大致相同。这样的员工显得很安全：同伴的行为大致上是可以预测的，且与自己的思考和行事方式吻合。

管理者还可通过控制特定的人际接触来避免分歧。举个例子，他可以将两名个性不合的下属派到不同的小组或不同的地理位置，也可以选择不提出一个颇具争议性的问题，因为这样会“过于激烈从而无法掌控”。但我们再仔细思考一下：

这种方法在什么情况下适用呢？有些组织高度依赖于员工之间的一致性和协调性，以便更好地完成工作。政党和宗教教派可能是此类组织的极端例子。如果个体对某个根本性的问题持有不同的观点，他很可能成为组织内的一股破坏力量。如果管理者面临的是比较脆弱和没有安全感的个体，这种方法尤为重要。有些人是如此害怕冲突，以至于当他们处于冲突气氛之中时几乎无法正常运作。

这种方法的难点和风险是什么？持续使用此种方法的管理者会面临着员工创造力降低的风险。有人曾说过：“当屋子里的每个人的思考都类似的时候，谁也没有真正思考。”在分歧被刻意避免的环境中，不仅新想法会较少出现，而且旧想法很可能得不到检验和测试。这是很危险的，因为组织会不知不觉地陷入故步自封的状态。

压制分歧

有时管理者可能察觉到员工之中存在某些分歧，但他感觉公开谈论这些分歧会产生降低生产率的纷争，从而降低群体的创造力。因此，他会刻意压制这些分歧。例如，一直在团队里强调忠诚、合作、团队协作和其他类似的价值观。在这种氛围下，下属不大可能甘冒引发冲突的风险表达不同意见。

管理者还可能试图确保潜在的分歧各方只有在严格控制的场合（那些公开讨论潜在分歧显然不得体的场合）下才会聚到一起。或者，管理者可以不断鼓励和嘉奖下属之间的和谐和合作，惩罚那些表达不同观点破坏组织和谐的人，这样就创造了一种压制分歧的环境。但我们仍然需要注意：

这种方法在什么情况下适用呢？当潜在的分歧与组织任务不相关时，采用这种方法是最有效的。个体会对很多东西产生不同观点，如宗教、政治、对其城市和国家的忠诚度、喜欢的棒球队等。在共同完成工作任务的过程中，没有必要强求下属就这些差异达成一致。当时间有限，不足以解决个体之间的分歧时，也可以采取压制分歧的方法。当管理者关心的是短期目标能否实现，而潜在的分歧是关于长期性问题时，采用这种方法是最适合的。如果没有足够的时间去愈合分歧的创伤，就不要去碰触它。

这种方法的难点和风险是什么？压制分歧也必然会付出代价。如果特定分歧对相关人员来说非常重要，他们就可能以一种降低工作效率的方式间接地表达自己的感受。每位管理者都见到过类似的情形：员工抗拒某个想法，不是因为想法本身，而是因为提出想法的人；或者某个不被大家喜欢的人犯了错误，就会遭受特别强烈的批评。

对于“隐藏议程”已有学者进行了大量的讨论和著述。人们可能在讨论某个主题，但他们讨论的方式和采取的立场实际上是由隐藏在讨论的表象下的一些因素决定的。隐藏议程很可能出现在分歧受到压制的环境氛围中。

当未表达出来的分歧涉及强烈情感时，阻塞这些情感会造成失望和敌意，而这些情感可能被误导向“安全”的目标发泄。分歧以及分歧导致的情感通常不会因为被忽视就消失。它们会在水面之下继续发酵，在不合时宜的时刻爆发出来，为管理者及其组织带来更多麻烦。

将分歧升级为冲突

采用这种方法时，管理者不仅要承认分歧存在的事实，还要试图搭建一个让冲突各方据理力争的赛场。但是，就像运动会比赛的筹办人一样，管理者要确保不同的人已经理解了他们有分歧的问题，讨论分歧的规则和步骤，以及每个人在争论中应时刻牢记的自己的角色和责任。但我们仍然需要注意：

这种方法在什么情况下适用呢？答案很简单，“当采用这种方法可以澄清事实，起到教育启示作用时”。个体一般不会停下来审视自己一直坚信的假设或立场，直至反对者要求他必须做出澄清并提出论据。同样地，通过冲突，组织中的权力现实会得到更集中的关注，以及更普遍地为人所知。

举个例子，生产经理和工程经理对董事会如何看待其部门的重要性产生了不同的印象。两个人都确信董事会对其部门的员工才干、产出和运作效率印象非常深刻。当两个部门就谁在新办公大楼占据更好位置产生了争议时，高层管理者会允许两个部门充分发挥他们对董事会的影响力。在比拼过程中，这两个部门的管理者将对彼此的权力产生更客观的评估和尊重。

同时，各方还能了解到一个有价值的信息，即冲突本身的成本。在长时间的争议快结束时，双方都暗自下定决心，“这样的事情以后不会再发生了”，因为个人已经对争议导致的财务成本、压力、尴尬、不安和浪费的时间和精力进行了反思。

这种方法的难点和风险是什么？冲突的代价可能非常昂贵。它不仅削弱了争执者自身的能量，还可能对其未来的有效合作造成无法修复的影响。在激烈的冲突中，大家会口不择言，为双方留下永久的伤痕，或对其关系造成长期的不利影响。

由于冲突涉及巨大风险和高昂成本，因此在采用此种方法之前，管理者应考虑下述问题：

1．他希望实现的目标是什么？

2．该冲突会造成怎样的结果？

3．应采取哪些行动将冲突控制在组织的边界之内，即正确范围之内？

4．冲突爆发以后，可以做些什么来改善冲突者之间的关系，使冲突对其各自的伤害最小化，不会影响到他们的未来关系？

化分歧为创造

人们常说“三个臭皮匠顶个诸葛亮”，因为三个臭皮匠通常代表着更丰富的人生经历，能为同一问题带来不同角度的洞察。如果大家将分歧看作增加经验的一种方式，而不是两方彼此敌对，三个臭皮匠很可能想出一个更好的解决方案。举个例子，若六个触摸同一头大象不同身体部位的盲人能够将其获得的信息汇总，他们就能够对这种动物进行更为准确的描述。同样地，很多问题从整体来看的话会看得更透彻，只要个体将其获得的不同信息汇总到一起就行了。但我们同样需要注意一下：

这种方法在什么情况下适用呢？当涉及如何为特定问题选择合适的行动步骤时，组织内的个体分歧有助于提供更广泛多样的备选方案。

将分歧导向问题解决的思路，也可以帮助处理伴随分歧而产生的一些情绪，如失望、怨恨和敌意。通过提供一种公开的为大家所接受的方法，管理者可帮助预防潜在情绪的滋生，防止其在不合时宜的时刻爆发出来；还可以将情绪产生的能量疏导成创造力，而不是破坏性的活动。分歧倾向于导致个体寻求削弱对方的方法，而问题解决思路能够帮助个体拥抱分歧，因为分歧有可能帮助自己丰富目标、思想和方法。

这种方法的难点和风险是什么？要利用好分歧，需要花费很长的时间。通常，一个人做决定比两个或多个人要容易得多。同样地，如果需要快速做出决定，忽视一方的态度快速采取行动可能更为实际。最后，除非管理者能够小心地规划问题解决的情境，否则总是存在导致相关各方都感到失望的冲突的风险。

问题解决思路详解

我们假设决定要采取刚刚讨论过的行动，即化分歧化创造。现在我们继续假设，管理者是在其下属已经出现冲突之后才开始干预的。如果他希望化分歧为问题解决情境的话，他需要做些什么?

◆ 他可以欢迎组织内分歧的存在。

管理者可以在讨论分歧时指出，差异能带来更多的问题解决方案，且对方案进行更充分的测试。通过明确地表示分歧各方都对问题的解决起到了帮助作用，管理者能够弱化存在最终的“赢家”或“输家”的感受。

◆ 他可以倾听冲突双方的想法，试着理解他们，而不是急于做出评估。

大量证据表明，冲突往往是长期存在的，且会令人越来越沮丧，因为冲突各方并没有真正倾听彼此的意见。每个人都试图将自己的观点强加于人，不理会或故意歪曲对方所说的话。

管理者可以预计到，当他干预的时候，冲突各方会试图说服他，让他对所争议的问题给出自己的立场。当每个冲突方向管理者汇报自己的情况时，他们都会小心地寻找线索，猜测管理者的立场。因此，非常重要的是管理者尽全力去全面理解双方，在适当时对各方认真的动机表示认可和支持，但同时先不做判断，直至所有事实都已呈现。

在理解和倾听的过程中，管理者也为冲突各方树立了一个好榜样。通过自己采取这样的倾听和理解的态度，通过帮助争议方更全面地理解彼此，管理者可以做出重要的贡献，创造性地将潜在冲突转化为问题解决情境。

◆ 他可以澄清冲突的性质。

当争论变得白热化时，每个参与者都有可能只是关注事实、具体方法、目标或价值观中的某一项。当某个人谈论的是事实而另一个人急于讨论方法时，双方之间就会产生不满与愤怒。管理者在仔细倾听整个讨论过程后，可以澄清问题的性质，使得讨论更有效率。

◆ 他可以看见并接受冲突双方的情绪感受。

人处于争议之中时会产生非理性的情感，即使争议双方不一定能认识到这一事实。每个人都相信他是在“客观地”看待问题。管理者只有在看见并接纳恐惧、嫉妒、愤怒和焦虑等情绪之后，才可能让冲突各方直面自己的真实感受。合格的管理者不会对这些情绪持批判性态度，例如说“你没有权利感到愤怒”，而是试图真诚地带着同理心去沟通。

一般来说，鼓励人们压制情绪或因为人们感到恐惧、愤怒等情绪而批评他们，对人们并没有帮助。这样的批评（无论是暗示还是公开批评）会阻止我们寻找解决争议的新方法。大量证据表明，当人们感觉受到威胁或攻击时，就会变得更加僵化、强硬，因此更要捍卫自己的立场。

◆ 他可以指出谁会对所讨论的问题做出决策。

有时候激烈的争议会扩散到在场人所无法控制的问题上。当人们对谁拥有正式决策权持有不同意见时，管理者对权力关系的及时澄清会使讨论的背景更清晰。

◆ 他可以帮助争议各方制定解决争议的基本规则和步骤。

如果争议与事实有关，那么管理者可帮助争议各方验证现有的数据，并寻找更多的数据来帮助各方弄清楚争议问题。

如果争议与方法有关，那么管理者可先提醒争议各方共同的目标，以及他们的争议在于应采取的方法而不是目的。此时，管理者可以建议各方在讨论具体方法之前先建立一套标准来评估所提出的方法。管理者还可以建议各方多花点时间，找出更多采用新思路的方法。找出新方法后，管理者可鼓励各方按照已制定的标准对其进行评估。

如果争议与目标或目标优先级有关，那么管理者可建议争议各方花点时间，尽可能详尽地描述相互冲突的目标。有时争议会持续下去，仅仅是因为争议各方没有花时间解释自己的目标并了解对方的目标。一旦目标得到清楚阐释，问题的解决也就变得容易多了。

如果分歧与价值观有关，对管理者的建议是，将这些价值观描述到具体操作层面。抽象的讨论往往很难有成果，因为同样的词语和概念对不同的人可能意味着不同的东西。为了帮助个人更好地理解他们的行为会受到哪些限制，询问“对于现状，你觉得你可以做些什么”这个问题一般会使讨论更有效地进行，而不是简单地问“你相信什么”，因为价值观体系与个人的自我观念联系得非常紧密，管理者需要特别注意保护争议各方的自尊。管理者可以清楚地表明，我们不是要审查个体的整个道德体系，而只是关注与特定情境相关的价值观。

◆ 他可以将注意力放到争议双方的关系维护上。

有时，当争议呈现白热化状态时，大家对所讨论的问题投入了非常多的注意力，以至于没人做点什么来维护和加强争议双方之间的关系。因此，争议双方之间的关系恶化也就不足为其了。有意无意地，人们忽视了维持或进一步发展人际关系的重要作用，如鼓舞人心、提供支持、减少紧张气氛、表达共同感受等。如果想要将冲突转化成解决问题的情境，就必须有一方起到这些作用，可以是管理者，也可以是得到管理者鼓励的争议方本身。

◆ 他可以创造合适的沟通渠道，方便争议双方进行沟通。

将冲突转化成解决问题的情境的方法之一，是确保争议双方很容易地聚到一块进行沟通。如果他们能够在各自立场成形之前就开始讨论争议的话，就有更大的机会彼此学习，达成共识。彼此容易接近，是减少双方对彼此贴上不真实标签的一种方式。

当沟通变得困难时，误解就会增加。因此，开展定期员工会议的好处之一，就是这些会议（如果开得好的话）能够为员工提供持续交流想法和感受的机会。

如果管理者希望下属采用问题解决框架来处理分歧，他就会问自己：“争议双方在何种环境下能够以最好的状态讨论他们之间的争议，而尽量不受到干扰和威胁？”管理者不会让那些让争议双方因“退让”感到尴尬的人员在场。沟通的环境应尽可能非正式，让人心理上感到舒适。

◆ 他可以给出一些流程建议，促成问题解决。

当处于争议中时，最重要的是，要将某个想法与第一个提出该想法的人分离开来。这样，我们就更有可能在不批判该人的情况下，对该想法进行客观和批判性的检查。例如，头脑风暴等技术，其设计目的就是帮助人们在探索阶段放下为自身想法辩护的需求。另外，引导活动是列出一套有序的流程（如审查目标、获得相关数据等），以便争议双方可以遵循这套流程，就彼此的差异寻求建设性的解决方案。

管理者的客观性

到目前为止，我们已经做了不切实际的假设，即管理者能够在下属之间出现分歧时保持自身的客观性。显然，现实并不总是如此，因为会牵涉他本人的感受。实际上，人们更多的是根据自身的情感倾向，而不是按照理性的方法来解决争议。

管理者可能非常关心某项分歧所产生的破坏性后果，也可能担心若分歧一直存在会对其个人或其所在公司的职位造成影响，也可能担心出现人身攻击的风险，或者引起某个得力手下或上级的震怒或敌意。管理者甚至可能因为别人表达自己的深层情感而感到焦虑，虽然他并不明白为什么。

这类个人情感有时是在意识层面，但更多时候是在潜意识层面，所以管理者自身可能常常不会意识到这一点。在这种情况下，管理者的自我觉察就显得非常重要。虽然我们不想在这里讨论这个话题，但仍要提醒管理者在面临争议时应注意的一些“警示信号”。

某些类型的行为表明，管理者处理争议的方式在很大程度上受到其个人需求和感受的影响，而不是其所在组织的客观利益。例如：

◆ 总是希望周围的人对他言听计从。

◆ 强调忠诚和协作，将分歧视作不忠和背叛。

◆ 掩饰那些比较严重的分歧，以制造一片和谐和团队精神的假象。

- 接受模棱两可的争议解决方式，这样就能同时对争议双方有交代了。
- 利用分歧弱化他人的职位，加强自己的职位影响。

正如我们先前所述，此类行为在某些情形中是适用的，而且能帮助维护组织的利益。但是，当管理者持续出现这些行为时，他就值得花点时间反思自己为何这样做了。

在生活中，我们的大多数行为都是受个人需求驱使的，它们是影响我们行为的最强因素。幸运的是，大多数组织都能容忍管理者本人的一些自我导向的行为。但如果个人相信自己的行为都是“为了组织利益”的话，就会出现一定风险，因为实际上他是夹杂着个人私心的却浑然不觉。

如果管理者能够完全觉察自己的情感和偏好，他就可以更准确地诊断情况，选择合理的行为方式，以保证组织的最佳利益。

结论

本章在开头部分给出了一个假设，即当出现分歧时，很多管理者会感觉到不安。因为他们自己和他人都很快地投入了情感，导致他们用混乱或不恰当的方式去处理分歧。我们在本章中给出了一些更为系统的方法，帮助管理者了解分歧和处理分歧。我们认为，如果管理者能够在处理分歧的时候少一点恐惧，而更能意识到潜在的好处，他就可以更好地理解分歧的本质和成因。这样做的话，管理者就能够处于更有利的位置，便于发现分歧，并采取更为现实的方法来处理。

“除了上帝和爱情，冲突一直是人类谈论最多的话题”。冲突的处理方式也多种多样。在历史和小说中，人们描写冲突；在史诗中，人们用道德光环肯定冲突；在悲剧中，人们默默地忍受冲突；在倡导和平主义的宗教中，人们用道德批判冲突。有一门学科叫军事科学，主要研究武装冲突的解决战略。还有无数手册教我们如何玩特定的策略类游戏。精神分析学家正在调查个体的好战精神的起源，社会心理学家也在对群体和社会阶层进行不同的研究……

“我怀疑，在对冲突进行系统化和多方面的研究之后，最重要的成果是，这项研究给我们自身带来的影响和改变——我们都是有意识或无意识的，自愿或非自愿的冲突参与方。这样一来，研究冲突能够带来的收益实际上是间接收益，正如葡萄园中挖掘宝藏的孩子们一样。他们没有发现宝藏，但帮助葡萄园松了土。”[1]

注释

1. 欲了解更多关于冲突原因和后果相关的研究，以及冲突的多种处理方式 和分歧的其他表现形式，请详见Lewis A. Coser， *The Function of Social Conflict* (London， Routledge and Kegan Paul， Ltd.， 1956); and Raymond W. Mack and Richard C. Snyder “The Analysis of Social Conflict—Toward an Overview and Synthesis，” *Conflict Resolution*, June 1957， pp.212-248.
2. 欲了解关于社会敏感性和行动灵活性的定义和讨论，请详见Robert Tannenbaum and Fred Massarik， “Leadership: A Frame of Reference，” *Management Science*， Vol.4， No.1， October 1957; and Robert Tannenbaum and Warren H. Schmidt， “How to Choose a Leadership Pattern，” HBR March-April 1958， p.95。

1　Anatol Rapoport，*Fights*，*Games*，*And Debates*， Ann Arbor， The University of Michigan Press， 1960， pp. II， 360.

第10章 关系——诊断团体之间的冲突

在本章中，在Petrella和Block的研究基础上，Petrella和Block概括了组织 内部团体之间的冲突理论，指出了问题的种类以及冲突出现时所使用的策略。

此外，他们还提出了两个问题帮助大家进行更深入的研究：冲突各方希望积极解决冲突吗？他们在冲突中具有大致相等的权力吗？

诊断组织内部团体之间的冲突[1]

Tony Petrella Peter Block

引言

为了应对复杂、多样的现代工业生产，多数大企业将员工归类，划分成不同的专业职能小组。然而，划分专业化单元的做法要求企业必须将各个部门的努力整合起来，共同致力于产品生产。

整合并非轻易就能做到。我们经常看到各部门锁死在相互斗争中，非要争个谁输谁赢。要想走出这种非输则赢的困境，需要理解冲突背后的动态，才能决定采取什么措施去解决、控制，甚至有效利用冲突。按照我们的经验，工业化生活中的每个人似乎都希望多一些相互依赖，也一直在寻找富有成效的协作的方法。

富有成效的协作的目标及其带来的挑战，是我们长久以来研究的重点。它来源于我们对冲突以及它所产生的建设性结果的兴趣，伴随些许对它可能产生的破坏性后果的恐惧。

如果你去看任何一个组织机构图，你就会发现垂直关系都是明确界定的。垂直关系主要是指权威关系。我们并不反对界定这些垂直关系。但是，

1 Tony Petrella and Peter Block, "Managing Conflict in Lateral Interfaces," Block Petrella Associations, 1975. 经许可改写。

横向关系的界定并不清晰。从一般的组织架构图中很少能看出，如何实现完成工作所需要的横向协作。如今，高层管理者越来越意识到，整合各个专业单元的努力已经成为企业有效运营的必要条件，在此背景下，这种缺乏清晰性的状况有些令人迷惑。

团体间冲突可能造成的破坏性后果是众所周知的。企业已经使用了各种应对策略来解决横向冲突。一种常用的方法是将好斗的一方调离到其他相关性低的部门。另一种方法是重新划分权限范围，或者重新界定工作流程，避免出现竞争性操作。还有一种方法是通过重组来减少引发冲突的交互行为。还有一种更受欢迎的方法，是通过特定方式将冲突汇报给上级，使其得出有利于其中一方的判断。这样做事实上让“赢家”获得了压制冲突的“权力”。

我们把以上这些方法称为行政性变革策略。所有这些方法都想通过调整权力关系或重新界定职责，达到消除或控制破坏性冲突的目的。大多数时候，表面的斗争停止了，但产生冲突的根本原因依然还在。

还有一种方法是冲突回避策略。双方不直接面对冲突，而是选择平息冲突。在这种方法中常见到管理者将冲突归咎于“沟通”问题或“不幸的误解”，不允许破坏友好的关系。这种方法的问题在于，平息冲突并没有用。结果会影响工作业绩，或者导致冲突升级，或者两者兼有。

另一种冲突规避策略是妥协。在这种情况下，管理者同意放弃一部分，获得一部分，其实双方都没有得到自己想要或需要的。冲突转入地下。整个组织会为此付出代价，因为妥协的方案很少能够满足组织的需求。

还有一种不同于管理性转变策略或冲突回避策略的方法，就是态度改变策略。这种方法的重点在于改变态度、认知和工作风格，有意识地构建横向关系，满足冲突条件下的整合需求。

从管理性转变策略或冲突回避策略的视角来看，冲突是不健康的，所有努力都是为了抑制、消除或控制冲突。从态度改变策略的视角来看，冲突是组织发展过程中自然产生的结果。现代组织的规模和复杂性要求分化出专业化单元，这种分化直接影响着组织成员的行为。管理者不仅要培养专业技能，最重要的是，还要培养不同的态度和工作风格，而且被分配了要实现不同目标的责任。高层管理者都会立刻同意，销售经理的工作方式与生产负责人有所“区别”。他们面对的问题和人都不一样。为了确保每个角色的成功，他们所采取的技巧、态度、偏好和工作风格必须因地制宜，对症下药。如果他们都一样，那么谁也无法取得成功。正是如此，我们才说专业化是需要代价的，它会自动制造产生冲突的条件。从真正意义上来说，横向冲突的存在表明专业化正在起作用。问题的症结不是如何消除冲突。只要职能专业化，冲突就是必然的，甚至是受欢迎的。我们需要解决的问题是：“如何才能在不期待冲突消失的前提下，有效地管理、建设性地解决每个具体冲突事件？”

态度改变策略的使用要求直面真正的问题。直面冲突需要智商和情商，也需要重新评估一些根深蒂固的态度和价值观，以及一定程度的人际交往技巧。本章的核心就是什么时候以及如何做到卓有成效地直面冲突（进行质询）。

什么情况下可以选用质询策略

我们在压力条件下应付横向关系的经验已经开始形成一种固定模式。

危机

通常当部门之间的冲突升级成危机时，我们就会收到求助。这种情况发生的频率比其他触发机制都要高。

问题点是多种多样的：

1. 一个项目需要从一个单元转到另一个单元，但出于某种原因，领导权从来不会完全交接，直到因为出现严重的延迟而被放弃。

2. 单元A需要单元B提供及时、准确的数据，但出于某种原因数据从来不准确，也不及时。

3．两个单元需要合作为一个新客户完成一项重大提案，但合作行动没有发生。

4．单元A认为很方便的工作模式，对于单元B而言非常糟糕。

5．两个单元争夺相同的资源（通常是人力、预算或设备），陷入破坏性的交接模式，使得负责协调的管理者无法做出有效的决策。

在危机时刻，基调通常是双方陷入某种形式的相互指责的恶性循环，其本质就是："是他们的错（A指着B），不！是他们的错（B指着A）。"

虽然存在无数种微妙或者不怎么微妙的策略，这种相互指责的游戏相对来说还是很容易被察觉到，但是，想要重新导向积极的结果并不容易。

这种相互指责的恶性循环导致双方陷入毫无意义的僵局，必须采取行动去解决。由此产生的动力是情绪化、激烈的。看到伴随着失控而出现的震惊、恐慌和窘迫，是特别痛苦的事情。我们有一个客户一语道破了天机："我有一种令人厌恶的感觉，那就是当我知道的时候，一切都来不及了。"

失控感会导致强烈的紧迫感。在高压力条件下采取的措施经常并不适合实际情况，最多只是短时间缓和了问题。一段时间后，根本的冲突还是会强化，并以新的姿态重新出现。

怎样才能实现富有成效的质询

适宜条件[1]

有效质询的两个关键组成部分是：

1．共同的积极动机；

2．双方力量对等。

这里所说的共同的积极的动机是指，双方都想解决问题，想要更好地利

1　R. E. Walton, *Interpersonal Peacemaking: Confrontations and Third-Party Consultation.* Reading, Mass.: Addison-Wesley Publishing Co., 1969.

用或控制冲突，而不是让冲突继续发酵。如果其中一方觉得僵持下去自己一定会获利的话，那么使用对抗策略很有可能使冲突升级。

这个逻辑很简单。如果胜负的关键都掌握在我的手中，我知道我会赢，我也想赢，而且我想将对方淘汰出局，那么，在这种非输即赢的动力中，进一步升级冲突变成了一个合理的方法。

在这种情况下，咨询顾问就要小心谨慎了。如果这一实质性的问题继续下去，就很可能造成大灾难。这时，我们需要帮助“弱势”的一方了解整个情况，帮助他们订定行动方案，实现双方动机对等。如果动机不对等，那么在压力条件下进行合作是不可能的。

除了动机对等，有效的对抗还要求双方拥有势均力敌的对彼此和对局势的影响力。力量可以是接受或拒绝（质控检查）的权利，或者决定是否提供帮助的能力（生产部门支持或不支持销售团队）。根据我们以往的经验，如果力量关系不对称，就一定要让弱势的那方暂时后退，并且采取任何必要的措施来实现力量对等。

总体来说，掌握主动权的那一方可以问自己一个问题：“如果我不答应你的要求，那么我有什么损失？”如果答案是“什么也不损失”，冲突就不可能解决。当谈到权力和损失的时候，我们其实是从广义的层面上使用这两个词。例如，损失可以只是意识到自己在剥削别人时产生的罪恶感。因此，损失和收益除了包含经济和组织利益，也包含非常主观和精神层面的成分。

质询和做出牺牲的意愿

为了确保成功质询，当事人双方需要努力达到明确的差异化，即承认以下各方面的差异：目标和风格、个人和组织的渴望、需求、双方对个人和组织匮乏之处的焦虑，以及最后一个非常个人的层面——个人感受。这个过程绝不简单。失败是常有的，但成功的回报是巨大的。成功的另一个条件，或许也是最难的条件，就是双方均需要妥协让步，甚至做出牺牲。别搞错，实现合作是需要付出代价的。其中一个代价就是减少自己职权范围内的决策权。从竞争变成合作，意味着权力的共享，而这在双方看来都是一种损失。另一个代价或许是无法或难以进行成败归因，这会让一个希望向上爬的管理者产生真正的焦虑。

我们并不反对将权责委派给某个特定个人或单元的逻辑。但是，部门之间的密切合作会造成很难清晰授权，从而造成一方或双方的自我身份认同感和被赞赏感下降。

最后，合作需要时间。面对问题、解决双方之间的差异和误解需要时间。我们需要时间、耐心和坚定的信念，相信合作会有利于所有相关方——在这种期待马上就能获得解决方案的商业环境里，这需要额外有所作为。

指出合作可能需要的代价，并不是反对实现合作。相反，清楚地知道所有代价是成功的前提条件。在崇尚竞争的环境里，在真正的合作关系中共事可能多少有点奇怪。这个转变既不简单，也不是免费的，需要付出代价。这些代价只有经过公开检查，并与可能获得的回报进行比较后，我们才能期待出现持久的改变。

有效质询过程中的不同阶段

冲突解决，或者更重要的是，建设性地利用冲突，通常要经历三个阶段：

1．问题识别/第三方契约；

2．相关个人之间的质询；

3．在冲突双方之间缔结一个可行的契约。

我们发现，知道这三个阶段很重要，但仅仅知道并没有实质的帮助。真正有用的是，知道什么时候从一个阶段过渡到下一个阶段。

如果你太快完成问题识别这一步，也就是说，当你还没看到动机/力量对等的时候就跳过，你很可能没有找对真正的问题。为错误的问题找答案会让你白忙一场。

如果你在准确识别问题之前就过早开始质询，那么你同样有可能没有找对真正的问题。直面冲突、承认差异和焦虑的意愿并不是轻易就能产生的。

这个过程充满了陷阱。真诚、可靠、聪明的管理者会给你指出所有的问题区域：工程问题、方法问题、系统问题和组织问题——所有问题都是真实的，但奇怪的是，没有一个问题涉及人。不过经验告诉我们，组织本身没有冲突，只有人才会产生冲突。除非人际问题已经摆上桌面，否则你一定没有找对真正的问题。

太早开始质询存在问题，太晚开始同样会产生问题。如果太晚才开始，你就会失去部分在问题识别阶段产生的动力。势头一旦失去就很难恢复。

延迟质询的一种方式是在数据收集阶段进行大范围的研究。我们不反对收集数据，因为有效数据很重要，但收集数据的过程可能是个陷阱。可能要花好几个星期在数据收集和分析上，这可能会转变成当事人之间的脑力较量，容易让人忽视每个冲突情境的基本因素——人际互动。过分强调数据分析也会导致过度纠结于冲突“为什么产生”的历史问题，而忽视了在当前的冲突情境中，应该“如何”彼此应对。

如果在质询达到所需要的深度之前，就开始进入缔约和融合活动，也可能存在风险。如果当事人双方之间还存在尚未探索到的重大差异，双方的合作就不可能持续。

另一个危险的陷阱（之所以危险，是因为它看似如此合理而且富有成效），就是直接从问题识别跳到问题解决，避免了质询阶段。没有经过质询阶段形成的问题解决方案或许是很好的方案，但是，任何一个不能直面重要分歧的“解决方案”最多是短期有效的方案。没有在重要分歧上进行过质询，必然会导致冲突重新出现。

当涉事双方能够清晰确认下列问题时，就应该过渡到质询阶段：

1．重要的实质性问题是什么；

2．存在共同的积极动机；

3．存在权力的适当均衡；

4．做好了直面分歧的心理准备；

5．在事实的基础上，坚信他们已经掌控了足够多的冲突相关的因素，可以确保做出持久的改变。

质询本身就是冲突——不要试图平息它

我们认为质询阶段的主要目标就是承认彼此的差异和分歧。承认的过程要求将自己与对方区别开来，并且勇于面对一个事实：差异是冲突的组成因素。坦然、直接地对待冲突是一个困难、不愉快的过程。各种防御都开始出现。

一种比较常见的防御方式是快速达成不要显露个人情绪和态度的口头协议。我们将此称为“好了，伙伴们，让我们停止所有人身攻击，回归工作”法。如果团队中没有人准备进行“人身攻击”，这个团队就能很快理清所有的实质性问题，不用发泄他们自己的沮丧、失望、无助感和气愤等情绪。这可以直接让你到达梦想乐园，在梦想乐园中，你通过改变操作手册就能解决冲突。

另一种防御方式是双方快速地达成共识，认为如果没有经过高层领导的审核，小组无法解决现有的冲突。这个方法叫作“我们没有权限”法。只要他们认为自己缺乏所需要的权力，他们就会真的缺乏。这个防御是完美的。它不仅避免了处理真正的问题，还让冲突双方有正当的理由表现出愤慨的姿态：“在各种事上我们都不能得到高层的干预来解开死结！”

第三种防御的典型之处在于逻辑性和简单性。经过四分钟质询之后，冲突各方一致认为问题已经得到了解决。这就是“快速治愈”法。没有经过诊断，也没有开药，预后当然都是坏的。必须发生一场大规模危机，才会有人敢再来看一看这个问题。因此我们可以充分预计到另一场危机的发生。我想重复一下，坦然、直接地对待冲突是一个困难、不愉快的过程。如果我们只知道谴责这些防御方式愚蠢、不合理，那对双方所面临的困境太冷漠了。但是，从我们痛苦的经验中可以知道，如果我们按照防御方式继续走下去，是完全无效的。作为第三方咨询顾问，我们别无选择。很明显，由防御机制产生的“决议”是不稳定的。我们必须辨别、预防这些防御，将我们所有的精力集中在一个目标上——推动涉事各方真正面对此时此地真人之间的真实问题。

缔约——发展稳定的和平

让我们设想一下，如果所有的实质性问题都得到识别，实现了动机和力量对等，完成了差异化并探讨了所有差异，那么我们就准备好过渡到缔约阶段了。

这个过渡的过程需要让第三方判断，是否可以结束对抗阶段，进入下一个缔约阶段。有几个方法可以确认双方是否做好了缔约的准备：

1. 群体想要提出解决方案的迫切渴望。在冲突各方经历对抗阶段的过程中，从某一刻起，双方会开始讨论解决方案，希望产生未来计划。

2. 双方同意重要的问题都已经探讨过。双方发现重要的问题已经得到识别，探讨到了所需要的深度，且双方之间已经达成了相互理解。

3. 可以看出，双方在下列几个方面的认知是对等的：

a）双方在这段关系中忍受的不公正待遇；

b）动机/权力平衡；

c）双方能够提供的能力和做出的贡献；

d）双方对彼此的依赖和需要。

如果上述这几个有任何一个严重失衡，就会影响双方达成协议的动力。

不公正

只要有一方认为自己比对方遭受了更多不公正待遇，就很难达成一致协议。这会促使顾问重视明显的不公正，帮助这一方处于一个较好的谈判地位，努力减少另一方感觉自己“完胜”的姿态。

权力的均衡

要达成有效的协议，双方之间的权力要大致持平。如果A和B都认为A拥有所有权力，那么A会觉得没必要跟B开展合作，而B也不相信A会真心这么做。一个和平的协议需要双方都做出牺牲。如果连牺牲都没有必要，就不可能存在冲突。要想让人放弃自己想要的东西，并认为自己需要这么做，这是不现实的，除非有两种情况：（1）他被迫这么做；（2）对另一方高度信任。权力不均衡意味着做出的牺牲也不平等，这样会造成双方达成不稳定的协议。

在这种情况下，咨询顾问必须帮助弱势的那方制造武器，让对方眼中的自己变强大。只有当双方都看到力量的均衡时，才可能实现有效的整合。

能力和相互依赖

对于A和B而言，要想产生解决冲突的力量、做出妥协、接受妥协、致力于达成合作，他们必须相互依赖。

这就要求A和B重视彼此的能力和贡献。如果A不尊重B的能力，A就不会有意愿和B合作。在这种情况下，咨询顾问就必须测试A对B的看法和评价。这个可能要鼓励B更加努力地表现自己，或者为A制定一个在特定时间段用于衡量B的标准。如果A对B的评价依然没变，那么要想解决冲突就变得更难了。

在缔约阶段，团队（或个人）一般展现出不同的情绪状态和观点。通常这时张力会极大地释放，双方进一步和解，倾听的质量提高了，相互之间更能理解、接受对方的立场，个人层面的亲密度也有所增强。时间导向也从原来的关注过去变成了关心当下和展望未来。

随着双方完成缔约，停止冲突，重点很快就转移到讨论未来展望的问题上。这就是我们所谓的有效契约阶段。这时候，咨询顾问该积极检测决议的有效性和双方对协议的接受度。

如果实质问题和情绪问题都得到了较好的解决，真正地解决问题和双方展开合作就成为可能。在这种情况下，显然当事人都是怀着共同的目标，在相互信任、尊重、认可各自能力的背景下开展工作的。当这个阶段开始的时候，张力可能出现些许增加，但这很可能是因为双方对共同做出的决策有效性的不确定造成的。所制订的计划可能是比较非正式和临时性的，但双方对计划的投入度会很高，而且很有可能愿意在未来进行更大范围的交流与共同决策。

如果咨询顾问认为情绪问题和实质问题已经得到较好的解决，那他的主要角色就是享受此时的安宁与和谐。但更多的情况是，咨询顾问发现自己要处理反复出现的、尚未完全解决的冲突和期望。

当问题解决并不彻底，或者预期到冲突会重复出现时，双方会希望在未来的关系与合作中加强控制。对于违背协议的担忧程度能够最好地反映出问题解决的彻底性和满意度。对抗也经常会重复发生。这些对抗的出现，有时候是因为之前没有显露出来的冲突，有时候是因为部分解决的冲突的最后一轮爆发。在最终达成一致的未来行动方案之前，这些冲突出现的频率会突然增加。咨询顾问此时扮演的角色与对抗阶段的角色一样，只是他的重点是帮助客户弄清楚未来对彼此的行为有什么要求，即“我想要你采取什么样的行为但你没有做，你现在的行为有哪些是我不想要的”。同时，咨询顾问要帮助参与者表述这些需求，确保需求是可操作、可观察、可据此调整行为的。如果因为还有一定程度的冲突残留，双方感到需要采取大量的控制措施，那么咨询顾问可以提出应急计划来应对违背协议的情况，即提前界定其中一方不遵守协议所需要付出的代价。

最后，不管在哪种情况下，不管是共同决议还是定约相互控制，第三方都可以提议未来通过会议的方式来进行决策、谈判、解决冲突、建立关系等。

当事人应该谈判，还是解决问题

在我们探讨的横向关系界面中，实质性的分歧一直是首要问题，并伴随产生负面的态度和情绪。然后，情绪问题又反过来助长了实质性冲突。但是，解决情绪问题不会带来部门之间的和谐。根据我们的经验，部门之间不断重复出现的冲突都在预期之中，因为冲突来源于双方之间在目标、角色和奖励体系上的差异。[1]

混合动机咨询

虽然在我们经历的案例中，确实有少数案例最重要的问题是情绪阻碍，但是基本上可以采取纯粹的合作和整合行为方法来处理，而大部分案例其实都是“混合动机”情境。在这些案例中，参与者面临着相同和不同目标、角色冲突、奖励体系中的对抗性暗示等诸多情况相互糅杂在一起的情况。这些因素都是合理的竞争动机。

其中涉及的当事人必须具备特别高超的技巧。他们一定要在行为上有一定的灵活性，才能在相同的大背景下与同一些人时而竞争时而合作。他们必须制定决策和“契约设定”流程，才能灵活地在某些情况下寻求问题解决，而在另一些情况下与对方进行谈判。当事人要明确知道自己对冲突与和谐持有怎样的态度。如果没有这种认知，当他们碰到模糊和复杂的情况时，很可能回到以前的行为模式，而那些模式是基于他们过去对冲突后果的信念形成的。在不太复杂的情况下，当事人更容易将情绪问题和实质性问题分离开。而在混合动机情境中，做出这样的区分是非常困难的。

对咨询顾问开展干预的启示

存在混合动机的复杂案例需要咨询顾问采取特定的态度和应对方法。首先，倡导以绝对竞争或绝对合作的行为和流程来解决冲突的咨询顾问，最好特别谨慎地应对这种情况。例如，希望通过干预来实现程序性合作的方法在上述情况下会完全失效。

这种情况需要一个更长的诊断过程，并且投入真正的耐心和坚持来完成

1　P. R. Laurence and J. W. Lorsch，*Organization and Environment*，Boston: Harvard University，1967.

彻底的立场分化。要做到这一点，其中一种方法是写一个书面报告，在其中明确指出产生冲突的动力，以及达成合作的质询性动力。在这种情况下，这个过程甚至要在面对面的质询发生之前进行。

还有一种有效的方法是广泛地与主要当事人进行单独讨论，对混合动机情境的构成要素和动力形成较为完善的认知。在培训会议上利用案例等方法，虽然更加复杂、更耗时间，但也是有帮助的。这里的理念是，更全面的认知理解会帮助当事人有效地处理各种想法。这里请注意，咨询顾问更多担任的是分析与认知角色，不像在处理更感性问题时，咨询顾问担任的心理辅导角色。

在质询阶段，咨询顾问提出的很多问题，必须关注到在当事人不同立场下所产生的实际后果，而且在对当事人的行为做出解释和评论的时候，需要比平时更谨慎。

因为情况的复杂性，咨询顾问需要参与规划、安排会议形式和信息交流的过程。这样可以预期到“游戏”的内容（是和平还是战争），也可以限制所使用的战斗策略。这些干预措施有助于减少一方当事人被另一方出卖、欺骗的感觉，也能缓解一些极具破坏性的冲突恶化情况。

尽管已经是显而易见的事实，但我们还是想要强调一下，我们坚信咨询顾问能够在以下两者之间做到张弛有度：

1. 有效应对实质性冲突时，所需要的认知、思考和解决问题的能力；
2. 在解决情感冲突的过程中，所需要的情感表达和慰藉的能力。

我们发现，相比于部门之间出现的其他难题，混合动机情境要求我们具备更多认知性咨询技能。

团队之间的错误观念可以打破

也存在一些案例，通常是双方彼此情感上拉开了非常疏远的距离，通过简单的减少刻板印象，就能实现工作关系的极大改善。

在这些案例中，咨询顾问帮助当事人抛掉了过时的成见和误解。结构性干预加上些许人际工作一般就足够了。在干预策略中，重要的是，让当事人大大增加彼此之间的接触，让他们意识到自己模式化的看法，有机会互相倾听对方的心声，有共事的机会，并且让他们发现，就算在团队内部，也存在对问题的不同看法，不仅在团队之间才有。

Blake的结构性干预适合用来考虑这些情况中所需用到的系列干预措施。

关于矛盾冲突的两个假设

本章中，我们试图为处理横向冲突的读者详细描述一些有益的框架结构和指导方针。必须明确指出，在我们的干预策略背后是关于冲突的两个假设。

第一，我们认为假设冲突双方总是诚信和善意的。是对自我利益和组织利益的明智追求导致了冲突的发生。尤其是选择向第三方暴露问题的管理者，他们这么做是因为他们希望努力帮助组织成功。正是由于这样的承诺感，他们才愿意为了自己所需所想与他人斗争。

第二，我们假设冲突双方对冲突的责任是对等的，是双方的作为或不作为激化了冲突。无论表面情形如何，所涉每一方都对冲突的产生负有重大责任。我们的干预目标始终是完整地表达双方的责任。

第11章　激励——最前沿

尽管关于员工激励的内容已有大量文献，我们仍然不了解系统地构建组织从而激励员工采用“正确”行为的全部秘密。Lawler的著作总结了大量关于组织激励员工方面的内容。我引用了这些图表，以帮助大家理解诊断激励体系的不同方法。

例如，表1的“职业生活质量”有四个标准，“组织有效性”有四个标准。该表为组织发现自身激励体系的差距提供了有效指导。

表1　激励体系要求概述[1]

职业生活质量	
a. 激励水平	足以满足员工的基本需求
b. 外部公平	与其他组织的激励水平相同或更高
c. 内部公平	激励的分配被员工视为公平的
d. 个体性	提供符合个体需求的奖励
组织有效性	
a. 绩效激励	员工认为重要激励是与绩效相关的
b. 资格	绩效较好的员工可获得较高的总体满意度、外部公平和更高的激励水平
c. 缺勤	重要激励与实际出勤相关（高工作满足感）
d. 组织结构	激励分配模式和决策方法适合企业管理风格和组织结构

激励体系——非正式

图2（同样出自Lawler）显示，当员工不信任管理层时，一个非正式的奖励体系是如何处罚员工的高生产力行为的。可将其看作工业企业中一种常见情况的诊断模型，同样适用于医院、学校、社会服务组织和政府机构。

1　Edward E. Lawler, III，“Improving the Quality of Work Life: Reward Systems，” from *Improving Life at Work: Behavioral Science Approaches to Organizational Change*，ed. J. Hackman and J. Suttle (p. 172). Copyright © 1977 by Goodyear Publishing Co. 经许可转载。

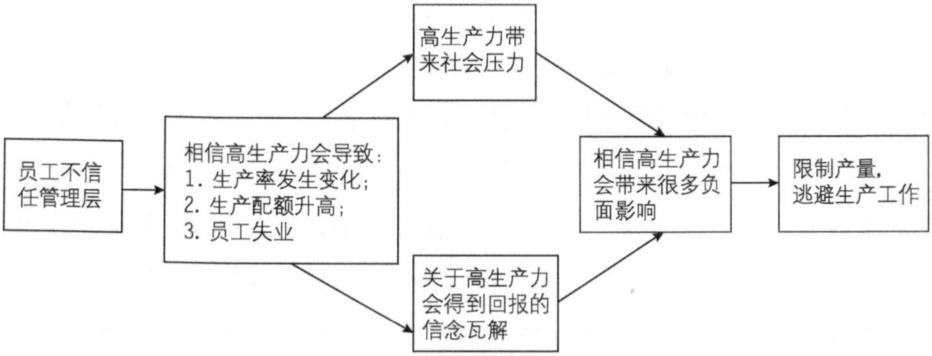

图2　产量限制决定因素模型[节选自*Improving Life at Work: Behavioral Science Approaches to Organizational Change*， by J. Richard Hackman and J. Lloyd Suttle (p. 172). Copyright © 1977 by Goodyear Publishing Co. 经许可转载。]

激励体系——概述

最后，以下是Lawler得出的结论。表7显示Lawler多年研究员工激励的结果，即各种激励行为是如何很好地促进表1所示的各个重要标准的。数字越高，则说明其更可能提升或改善企业中通常的情况。例如，自助餐补助可能对个体性产生较大影响，但对绩效激励没有任何作用。如果想要减少旷工，技能评估计划似乎是最好的方法，尽管对外部公平没有任何影响。以此类推。

概述：激励体系[1]

Edward E. Lawler

如果读者只从本章接收一条信息，那就是，确实存在可以提升职业生活质量的激励体系实践。的确，没有最理想的方法，也没有普遍意义上的“好”，但确实存在相对好和相对坏的做法。诚然，什么是好什么是坏，部分取决于组织条件和环境条件，但这些都可以被识别和处理。本章提供了大量数据，驳斥关于外在激励与职业生活质量关系的两种极端立场。一方面，

1　Edward E. Lawler， III， “Improving the Quality of Work Life: Reward Systems，” from *Improving Life at Work: Behavioral Science Approaches to Organizational Change*， ed. J. Hackman and J. Suttle (p. 172). Copyright © 1977 by Goodyear Publishing Co. 经许可转载。

很清楚地，提高职业生活质量并不是简单地提供更多外部奖赏就能实现的，虽然有些人希望我们这么认为。另一方面，也很清楚地，要形成较高的职业生活质量，也不可能忽略外部奖赏体系，虽然也有些人希望我们这么认为。

表7总结了目前所述各激励体系方法和流程的效果，并根据六个指标为每个方法打分。前三个指标是关于职业生活质量的，后三个指标是关于组织有效性的。由于这些是“新”方法，我们关注的问题是这些新方法是否能够较传统方法（如保密vs公开）产生更好的效果。因此，根据五分制（0~4分），对每个方法进行打分。0分表示与组织通常使用的方法相比，该方法产生的改善效果可忽略不计；4分表示与组织通常使用的方法相比，该方法产生了很明显的改善效果。对这些数据的解释也应谨慎，应将这些数据看作各种情况下的平均值。显然，由于很多因素会决定其有效性，这些数据可能不适用于某些特殊情况。此外，这些数据仅代表作者的个人观点，并非经过大量研究检验。

表 7　激励方法评估

奖励方法	外部公平	内部公平	个体性	绩效激励	资格	缺勤
公开晋升和招聘	1	3	0	2	2	1
参与晋升决策	1	4	0	2	2	1
自助餐补助	2	0	4	0	2	1
基于技能的评估方案	0	2	3	2	2	2
全固定工资方案	2	0	1	0	1	0
一次性加薪方案	0	0	3	1	2	1
绩效工资方案	2	2	3	3	1	1
Scanlon计划	2	0	0	2	2	1
浮动薪酬比率方案	0	0	0	0	0	0
公开薪酬	1	2	0	2	0	1
参与决策	1	2	0	2	1	1

注：Scanlon计划以美国曼斯菲尔德钢铁厂的工会主席约瑟夫·斯坎伦命名。Scanlon计划旨在提高员工工作的积极性。例如，如果产量超出预期部分，员工就可以得到额外激励，相当于超额利润分配。——译者注

评分等级显示，改变激励流程和激励管理机制都可以使情况得到改善。向更加公开、参与型的体系转变的流程得分都比较高。其中似乎没有任何改善效果的是可变比率方案。其他方法似乎都能起到同时改善职业生活质量和组织有效性的作用。由于这些方法都是新提出的，因此我们也很感兴趣去观察，未来这一乐观的结论能否经住有效性验证研究的考验。

第12章　领导方式

关于这一长久不能解决的问题，本章引用的《组织动力学》季刊刊登了更多最新观点，笔者选择了几个图表作为文字的补充。

1. Fred Fiedler

图1显示Fiedler在任务激励型和关系激励型哪种领导表现最好的情况下所做的大量研究。左侧“绩效”线表示团体或组织的绩效；实线和虚线分别表示任务激励型和关系激励型领导的绩效。

图1还描述了八种情况，分别有利于不同取向的领导者。Fiedler发现，关系激励型领导（实线）当与员工关系良好，而任务结构明确和职位权力弱的时候，他们表现最好。此外，我们惊讶地发现，在任务结构明确和职位权力强的条件下，即使与员工关系较差，他们也能表现良好。

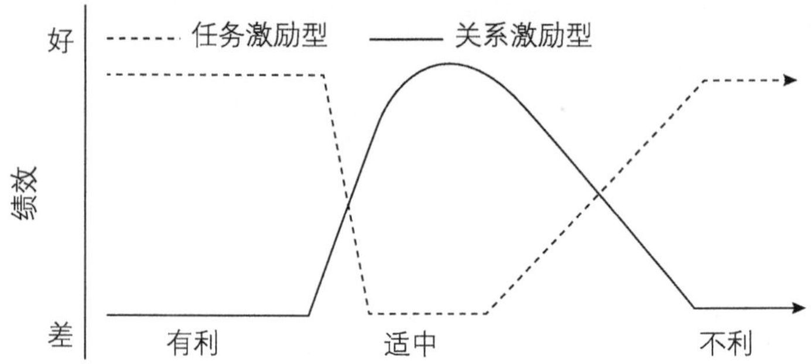

	1	2	3	4	5	6	7	8
领导与员工关系	好	好	好	好	差	差	差	差
任务结构	明确	明确	不明确	不明确	明确	明确	不明确	不明确
职位权力	强	弱	强	弱	强	弱	强	弱

图1　有关关系激励型与任务激励型领导在不同有利程度下的表现[经出版商许可转载自*Organizational Dynamics* 4，3 (Winter 1976)，© 1976 by AMACOM，a division of American Management Associations。]

相比之下，任务激励型领导（虚线）表现更好的情况是在三种情境因素（领导与员工关系、任务结构、职位权力）中，至少双高（情境1、2、3），或三者都低（情境8）。

Fiedler认为，培训可能会降低一个在情境8中不利条件下表现良好的任务激励型领导的有效性，因为大部分培训是为了提升领导的控制力和影响力，这样会使一个在任务结构模糊的情境中，原来与员工关系较差的任务激励型领导的情况变得更糟。另外，关系激励型领导在相同培训下会对自身能力产生更好的影响，进而提升绩效表现。尽管这违反“常识”，但Fiedler引用了支持这一理论的研究证据。

2. Chris Argyris

在“领导力、学习与改变现状”一文中，Argyris对这一问题的分析是利用两组变量构成的，这两组变量构成了领导者采取行动的基础。I型（有些Douglas McGregor的X理论的味道），反映了封闭系统、高度个人控制、低情绪性、高防御性等状态。II型（基于Argyris的有效数据、自由选择和承诺行动的主要概念）是一个关于开放式学习、协作和表达等的模型。下面总结了两个模型的重要维度。

I型

主导行动的变量	个人和环境的行动策略	对个人和环境造成的后果	学习结果	有效性
个人按自己对目标的理解去实现它 最大化所得，最小化所失 尽量减少负面情绪 理性化，尽量减少情绪化	设计并管理环境，以达到个人控制相关因素的目的 掌控任务 单方面保护自己 单方面保护他人不受伤害	个人被看作防御性的 防御性的人际和团体关系 防御型范式 较低程度的自由选择、内部承诺和风险承担	自我封闭 单环学习 很少对理论进行公开测试	有效性降低

II型

主导行动的变量	个人和环境的行动策略	对个人和环境产生的后果	学习结果	有效性
有效信息 自由和知情的选择 对做出选择和持续监控实施的内在承诺	情境或遭遇，是设计用于让参与者发起行动或体会个人行动带来的结果 共同控制任务 自我保护是一种联合动力，是面向成长的 对他人的保护是双向的	个人被感知为低防御的 最低防御的人际关系和团体动力 学习导向范式 较高程度的自由选择、内部承诺和风险承担	不可证伪的流程 双环学习 对理论的频繁公开测试	有效性提升

注：经出版商许可转载自 *Organizational Dynamics* 2， 3 Winter 1976 . © 1976 by AMACOM，a division of American Management Associations.

3. Warren Bennis

Bennis，MIT管理学教授，现任某大学校长，有很多关于组织发展的著作。下面内容节选自《领导者：陷入困境的人？》，他区分了两个概念：一是"管理"，一个行政概念；另一个是"领导"，指的是设定路线、基调、方向，并为特殊价值代言。

领导者：陷入困境的人？[1]

Warren Bennis

管理，而非领导

大多数时候，领导者既没有解决问题，也没有起到领导作用。我认为，一个原因是很多人误解了领导的含义。领导不表示管理，两者的区别非常重

1　经出版商许可转载自 *Organizational Dynamics* 5，1，Summer 1976，© 1976 by AMACOM，a division of American Management Associations。

要。我熟悉的很多机构，它们得到了很好的管理，却没有被很好地领导。它们能够很好地处理日常工作，却从不询问特定的日常程序是否应该存在。

“领导”一词，字典里面说是走在前面、带路、影响或引导，指引方向、路线、行动和观点。“管理”一词，则是指引发、实现、承担或负责、做某事。两者之间的差异可以简单地概括为：愿景和判断的活动与效率活动之间的差异。

在决策过程中，这个时代的领导者是一个必须处理四个维度的多面代理人，这四个维度包括直属管理团队、组织内部支持者、组织外部力量、媒体。当他的决策和行动影响这些维度的人时，这些人的决策和行动也同样影响他自己。事实上，“有影响力的人”（做出重大决策的领袖）的概念已经过时。领导者既影响他人，也同样受到他人影响。无论这四个维度把太多问题推给领导者，还是领导者特别想要证明自己，都会造成同一结果，我称之为“本尼斯精神动力学第一定律”，是指常规性的工作会将创造性驱逐。

保护日常工作的确定性，请见以下事例。

我发现，我最热心的副手们会经常无意中阻止我对我们机构做重大改变。我发现这一重大事实是在我任职某大学校长十个月的末尾，正是我长久滞留在办公室的一个夜晚。时间接近凌晨三点，我仍然忙于处理面前成堆的文件，身心疲惫。我开始自言自语：“是我不能管理好这所大学，还是这所大学不好管理。”我开始查看我的日程表，扫视每小时、每半小时、每刻钟，看看我今天一天的时间都去哪儿了，我昨天的时间都去哪儿了，我上个月的时间都去哪儿了。

我已经成了一个杂乱的、无意识的阴谋的受害者，它阻止我做任何事情去改变学校的现状。尽管我的同伴也都像我一样，希望设定新目标并努力带来创造性的变革，但他们无意识地导致了我永远没有时间开始这项变革。这就是一场骗局。他们不想为了自己应该做出的决策负责或承担后果。每个人都把他的“尿湿的宝宝”扔在我的桌子上，尽管我并没有尿布，也不知道要怎样照顾宝宝。

第13章　帮助机制

我找不到任何一本书或一篇文章可以如我希望的那样，广泛地讨论帮助机制这一问题。本章以Peter Vaill记录他与同事间的对话的形式，讨论了这一概念的广泛含义。其中有很多犀利的问题，例如，关于什么构成了“技术”，以及人们在什么情况下会受益于系统、程序、方法等，什么情况下会受其阻碍，等等。

技术札记[1]

Peter B. Vaill

1．关于“技术”需要知道的第一件事，是它不一定必须与机械相关，不一定要上油，也不一定要叮当作响或呼呼旋转。一项“技术”，如果考虑我们在日常用语中使用该词的方式（而非ERPI课堂影片使用的方式，还记得在教室后面16mm投影上地球转动的画面和失真的音乐吗），通常是做某个事情的某个方法。我们经常用“复杂的”“昂贵的”“先进的”等词语修饰“技术”。我们通常用“技术”一词来表示某些可确定的东西——一些相对稳定的行动组合在一起，共同构成了技术。我们不会用“技术”这个词来讨论一些人们还不完全认同的全新的自发性的方法，或者有高度个人化成分，来防止方法被简化为一组规则、步骤和过程。我们倾向于将上述这些较为可变的方法称为“艺术”或“手艺”。另一个意思相近的词语是“技巧”，当我们强调方法的行为层面时会使用该词，所以我们会说木匠的手工技巧、小提琴家的演奏技巧或临床医师的诊疗技巧。

2．一项技术是一种标准化的方法，它有目的地将能量从一种形式“输入”转变为另一种形式“输出”。这一转变过程通常称作“转换”。一人或

1　经出版商许可转载自 *Social Change*，“Reflections on Technology，” by Peter B. Vaill，Vol. 5，No.4， pp. 3-7. Copyright NTL Institute 1975。

多人对技术的操作就是转换。

3．对技术保持高度敏感很重要的原因在于，如果想要改善组织输出，即帮助组织更有效地完成现有目标，或者达成新的目标，就必须了解当前的转换是怎么进行的以及为什么。如果你对技术不敏感，就无法理解转换过程，甚至根本无法看到转换的发生。

4．我认为明确区分“转换”与“技术”两词是有用的，尽管它们本质的意义非常相近。首先，在一个组织的全面转换中，可能会使用多种技术。想想一个炼油厂、一家医院或一个摇滚乐团使用了多少技术。每个组织都有一个主要任务，以及一个为了完成任务的基本转换。我喜欢保留转换的概念，它用于形容组织追求核心目标所采取的一系列活动。我认为，与“技术”一词相比，“转换”是一个更加“活跃”的词。一项技术仅仅是一种存在，而“转换”还意味着行动和事情的发生。另外，所有系统都有转换，而只有其中一部分系统才使用技术。

5．“技术”一词贯穿整本书。任何时候我谈论的一项技术，你都可以很容易地在追求特定目标的某个特殊组织中找到，我所谈论的就是该组织的转换过程。

6．回到上述第4条。提到一个组织要使用多少技术，这一点值得深思。在高度抽象层面，一个人可以说医院只使用一项技术，即已经开发的用于治愈疾病、修复身体和精神损伤的一系列方法。但是如此的高度抽象层面对正在给某一组织做咨询的个人来说几乎没有任何用处。运营中边边角角的隐蔽细节是更重要的。关键是要了解贯穿医院里所有活动的各项技术是如何配合在一起的，如治疗技术与发电技术、入院病人管理技术、医院人员管理技术、成本确定技术、空间分配技术、结果评估技术、规划技术等。

7．如果你看不到医院重点使用的治疗技术是如何被其他技术所影响的（扩大、削减、调节、变更等），你将永远不会明白为什么事情是现在这个样子，从而错失能够使主要技术变得更好的重要干预措施。

8．还可以用另一种方式来讨论这个问题，即从个人活动层面。当你访问某些人时，你是否能听出他们向你描述的技术？在他们的描述“首先做这个，然后做那个，每周必须检查这个，每年申请资金改进那个……”中，你可以听出相应的技术吗？你可以从这一系列方法中听到他在履行自己工作的过程中全面经历的技术吗？一开始，如果你不熟悉相关组织，这些描述听起来就是一堆毫无关联的事情的大杂烩。如果你对汽车一点也不了解，那么一个服务站的服务员向你描述他如何处理气、油、挡风玻璃、刹车和消音器，针对某些汽车需要特别注意的一件事而其他车并不需要，所有这些描述听起来就像一些无关联行为的杂乱集合。你必须对汽车有一些格式塔（完形）的理论基础，才能明白他告诉你的所有事情。

9．但是请注意，如果你认为车就是技术且他对车的行为仅仅是行为，而不是将其看作一项“服务技术”的有关操作，你就会错过与他工作相关的关键之处。你可能错误地认为他与车主单纯的人际关系是组织成功的关键要素，然后将他放入一个倾听和人际敏感性项目中，且永远不会意识到，你作为培训师对他所讲的关于有效行为的一切在他的脑海中经过了一个“技术过滤器”。他可能在问自己：“我能否用这些技巧以我认为可行的方式来操作服务技术？”我们这些培训师和改革推动者通常看起来似乎与实际操作者不大相干，这是不是有点令人惊奇？我们并没有跟他谈他觉得重要的行为，至少应该谈谈他觉得最重要的那些吧。

10．关于技术问题我发现了另一件事，技术是通往激励、人的潜力、知觉、态度、好恶、烦恼和困扰等问题的康庄大道。人们需要谈论某些事情，尽管他们真实的感觉是另一种。在文化中，人们谈论技术。小提琴家谈论小提琴，没什么不对。计算机工作者谈论计算机，就不太合适。因为众所周知，计算机是冷冰冰的机器，如果某个人一直讨论计算机，那么会明显地脱离他本身和他的真实需求，退缩到一个干净的由整齐的电路和方程式构成的可预测的世界中。如果你的目的是尽量不去了解一个计算机工作者，这样一组关于计算机的假设会确保你获得成功。通常，工程师会被助人行业的很多人责难，因为从他们的话语中我们听不出任何敬畏和兴奋的感觉，没有创造力、渴望、挫折和所有其他的人类情感。在很多组织中，负责技术开发的人员变得具有防御性并不令人感到惊讶。不管怎样，任何人爱上技术都是不对的。如果一个会计觉得新的成本制度是一种美的话，他就需要做心理辅导了。

11．因此，我们就对人产生了很多误解。如果你对帆船、古钢琴、支持长跑的技术或促进创造力的技术不感兴趣，你就会错失关于我的很多重要东西。我打赌，你也有你自己的，正如我们所说的，对你很重要的一些东西。难道你不认为，如果我要“帮助”你的话，我应该合理地接触并接受这些东西吗?

12．Herzberg的双因素理论在这里就起作用了。对职务丰富化的一种解释是：试图让想要操作技术的人更好地掌控技术。激励人的东西是内生的，来自操作一组或多组技术本身。

13．你想了解一个人现在是什么感觉吗，是什么激发了他们，什么会让他们停下，然后又重新动起来。请注意他们在操作什么技术时获得了深深的乐趣，由此你将获得很好的线索。他们喜欢做什么?

14．对内在驱动的人来说，这是可以的。你会说：那些不能从任何事情中获得乐趣的人该怎么办?我的第一个答案是，你可能并没有足够近距离地观察他们的行为。某个看上去不会被任何东西激发的人可能正在使用一项你看不到的技术。很多时间管理者符合这种情形。例如，一个人将安排时间、守时、分配各项活动所需的时间看作一个项目。他的乐趣并不在活动“中”，而在于准确无误地执行活动。请注意，经过理性诊断，我们认为这样的人有强迫症。你可以说他们有强迫症，但是如果你真的这么说，就没有理解时间管理技术对他们的意义。因此，你也会失去采取干预措施，帮助某个时间管理者为他自己和组织创造更多价值的机会。

15. 我只知道一件事：这个世界充满了无形的技术——常规、技巧、程序，人们开发这些技术来达成对他们非常重要的目标。我的个人预感是，如果我们能了解当我们试图推动某个人改变行为时，无意中践踏了他的什么个人技术，我们就可以解释为什么人们“反对变革”。我知道有一位管理者，他通过盯着秘书桌上的一堆卡片厚度来估计秘书一天的工作程度，他的视网膜上好像有个刻度，能告诉他这是忙碌的一天还是闲散的一天。后来有了一项新的计算机技术，可以不使用卡片，将卡片上的数据转入磁带中，然后所有数据仍然可用。他会有自己的终端，附带一个打印设备和一个显示器。不只是一天的末尾，他在一天的任何时候都能知道事情的进度。自打老板告诉他应该做出改变后已经过了两年，他仍然拒绝购买、安装新系统。你可以想想这是为什么。

16. 以这样的方式讨论技术，我并不是想要提倡某个复杂的模型或诊断策略，来分析组织中使用的所有技术。我觉得那会是极长的一个列表。我的要点不是这个。你正试图了解事情为什么是现在这个样子。你正试图想象一个组织可以从当前运营水平提升的方法。你需要一个思维方式帮助你处理这些问题，并为你想要采取的干预措施打下一个基础。我所建议的技术方法，应该称为活动分析法，要求你注意人们正在干什么。关于你应该把他们的行为看作他们所应用的技术的一部分这件事，我还有下面几个想法：

a）如果已经学会了某项技术的操作，那么个人或团体已经完成了该项技术的投资。

b）技术的操作已经被纳入个人看待自己和/或团体身份的方式。

c）技术的操作使得个人或团体与组织中其他人产生了某些关键的边界关系，因为没有技术是完全自动化的。边界关系包括信息、物资、人员和权力的交换。它们既是反馈关系（我发现我过去做过的某件事的意义），也是前馈关系（我发现我未来要做的某件事的意义）。

d）技术很可能是多功能的。它既完成了组织的工作，也完成了个人和团体的工作。它可能比较好地实现前一个目的，而不能很好地实现后一个目的，也有可能正相反。

e）在人与方法或人与机器之间没有明确的界线，也没有一个单纯的人员系统或一个技术系统。在被牵涉其中的人们的眼中，这是一个综合的“东西”。我们都知道，房子并不一定是家，同样地，任何机床可能都不是正确的机床，任何办公室布局可能都不是正确的布局，任何车可能都不是你的车。这是非常重要的一点，它值得更深入地研究，因为我认为它涉及一个完全不同的思维方式——究竟什么是组织，改变组织的时候究竟会涉及什么。

17. 在组织发展过程中，我们倾向于相当专一地关注人类实体：个人、团体、群际、组织、团队、临时系统、跨组织网络等。我们关于这些实体的所有讨论都归结于这样的事实——它们都是由人组成的。这就提出了一个问题，除了人，还有什么也是系统的一部分。我们要指望人来解释波士顿交响乐团与费城交响乐团有什么不同，或有比尔·拉塞尔的凯尔特人与没有比尔·拉塞尔的凯尔特人有什么不同。

18. 如果说两个交响乐团的不同包括它们演出的礼堂、乐器的性质、每场的保留节目、乐器区的摆放位置，这是不是在找碴？一些人甚至会说它们的经度和纬度不同。关于这些内容，我们可以讨论得非常详细。如果我们完全忽视这些，或将之与行为层面的问题（指挥者的管理团队、乐团的氛围、乐手们的动机和技能水平等）完全区分开来，是不是错误的？

19. 也许你认为引入这些因素并不是诡辩，但是你的确感觉到，将一个组织视为人员、流程与技术无法完全分离的一个“综合系统”有些神秘主义。这正是我所建议的，我们需要找到一种方式去讨论所有实体，而不是将系统中的所有元素按照是否内部温度高于37摄氏度来武断地划分边界。你当然可以划分边界，但如果你是为了改变一个组织而去了解它，我建议你不要这样做。

20. 把我喜欢的椅子拿走了，然后要我舒服自在地待着；给我一个新的打字机，让我打出札记的内容，要求和之前的效果一样；把红人队放到阿斯特罗特夫尼龙草皮上，展示他们的动作多快速，同时削减你的成本；向我保证任何人都能适应隐形眼镜。请注意，我们谈论人与身外之物的连接方式是多么贫乏。我们陷入了主观主义的泥淖中：我只知道我一直都是用刷子刮胡子。

21．记住，技术不是客观之物，而是方法。方法是一种行为事件，是将人的神经/心理特性与物品的物理特性相结合的。还可能有哪些行为？我可以以一种不恰当的方式穿鞋走路，最终造成的结果是，鞋很快就被穿坏了，或脚起了水泡，或两者兼而有之。我其实不是这样的，我是以一种整合的方式走路的，但我也会以一种不整合的方式走路。

22．那么，提问：在一个组织中，多久会发生一次人被强制性地或无意地投放到与物理物品分裂的关系中，然后要求人以较高的效率和效能运用这项技术？这经常发生，因为我们的文化缺少一种讨论和谐关系的方法，很可能因为最初缺少一种重视和谐关系的方法。由于不重视后果、没有讨论后果的语言，我们仍然陷入无法利用现有设备完成所要求目标的困境，或者只是与设备达成同步的时间问题，有人改变了设备，但在改变的过程中并没有提供实质上的支持。

23．这可能言过其实了。一个底特律装配线工人周末的时候能在专卖店外站几小时，摆弄一套新的铁杆，努力确认这些铁杆是否感觉良好。但是，工作期间是不允许这样做的。这样做造成的结果是，与装配线工人的职业相比，他可能是一个更好的高尔夫球手，因为他与那些俱乐部有了更加默契的关系。因此，说在这样的文化中没有一个地方能够进行摆弄和实验，从而形成整合性的关系，就是太夸大其词了。仅仅是我们不允许在正式组织中有太多这样的情况发生罢了。

24．可以在哪儿寻找和谐关系？如果你知道你在寻找什么，那么它们无处不在。这正是上述第15条中所说的，无形的技术。

25．Marshall McLuhan在很大程度上影响了我对技术的看法。当他说“媒体就是信息”时，很显然，他将媒体看作方法，看作“人的延伸”，这也是《理解媒体》的副标题。注意，他说，人们如何延展自己，正是理解一种文化、理解该文化正在如何变化、理解该文化是如何区别于其他文的关键。

26．Marshall McLuhan非常重视我们正在经历的文化转型，即从视觉/语言社会，转向一个比视觉社会使用更多渠道来处理数据的、越来越依赖非语言符号的社会。他是对是错，在我这份札记中并不重要。我从Marshall McLuhan那学到的一件事是如何了解非视觉媒体，从而引发了我上面关于无形技术的解释。

27．我之前提到的时间管理技术是一项相对非视觉的技术，因为这项技术的操作大多存在于人的无形意识当中，即现在是什么时间、时光飞逝、“早到”还是“迟到”了。有时，人的时间意识和时间管理机制在行为中变得有形，但这通常只是冰山一角。一个优秀的橄榄球专业四分卫必须是一个高明的时间管理者，不仅体现在比赛时间上，而且体现在身体协调方面，我们称之为“时机把握”。他的时间管理结果（技术输出）是明显可见的，但是实时的时间管理在很大程度上是不可见的。

28．你必须知道怎样看到那个专业四分卫管理时间。这是习得的诊断行为。在组织世界里，鲜少有即时回放功能，让你回看刚刚发生的行为，以更加精确地了解发生了什么。提问：对组织发展顾问来说，什么与即时回放作用相同?

29．多年前，我有一个关于这些与设备之间的整合性关系的理论，即“有效的人的延伸”。我的理论是，随着设备变得更加精密，人与设备之间的关系也变得简单，尽管设备元器件更加复杂了。例如，一杆枪。与弓和箭相比，一杆枪是相对简单的技术，因为达成人与器械之间的有效互动关系变得简单了。“瞄准”简单了，“开火”简单了，达到目标的动作（将一个物品射向目标）也简单了，而结果更可靠了。

30．在我看来，现代世界的任何地方都能看到物品的复杂化和人一物关系的简单化。请看下表：

简单的物品	复杂的物品
复杂的人一物关系	**简单的人一物关系**
铅笔 →	人工打字机
人工打字机 →	电动打字机
电动打字机 →	可编程打字机
自行车 →	摩托车
手动搅拌器 →	搅拌机
马车 →	汽车
西班牙吉他 →	电吉他
帐篷 →	全电器联排别墅等

31．在以上示例中，简单的人一物关系是指右侧中的物品对人工操作独特的依赖性比左侧中的物品要低。右侧中的物品降低了（但并没有消除）对个人特殊天赋的需求。

32．用Marshall McLuhan的话说，右侧物品是比左侧物品相对“更热门”的事物。

33．我不确定我的这一理论是否站得住脚，但这一理论也是由哲学家Owen Barfield的一句话引发的一条思路：“向一件事物或过程的意义中渗透，要求认知者参与到他认知的事物中去。”有些人认为这纯属故作神秘的废话，但我并不这样想。我认为当我们谈及与工作隔绝时这与之直接相关。我们并不是真的说与“工作”隔绝，而是指由于个人与用于产出的物品之间空洞的关系而产生的隔绝感。

34．在另一篇名为“对高效系统的行为描述”的论文中，我归纳出了“联合优化”理论，Eric Trist教授曾经在讨论和谐、高产的社会技术系统时使用过这一词语——这样的社会技术系统中存在有意义的人一物关系，而输出会利用且受益于这种关系，系统会确保不违反人应遵守的法则和物品应遵守的法则。人受心理和生物法则的支配。物受物理和生物法则的支配。举个最简单的事例：如何为一个车床工设计一份工作，能够整合两套法则的潜力？好问题。

35．在高效系统那篇论文中，我也提到了我们可以写下一些“联合优化”法则，即人—物界面的相关主张，让我们明白为什么人—物关系是有效的、什么时候有效，如果人物关系出错，问题出在哪儿。在人体工程学领域中，我们已经有了很多此类法则，已经应用于家具设计指导、视觉显示和很多其他设备。但是这些法则倾向于只将人作为一个单纯的生物体，而非一个社会心理生物体。把人放在一个让他感觉身体舒适的环境中，假设他也感觉到精神舒适。当然，我们现在知道，他不一定感到精神舒适。定义组织发展的一个方法，是说它试图在工作中加入更多内在挑战，促进建立使人愉悦和成长的社会关系，从而使人获得更大的心理舒适。

36．但是，我们现在还没有接近相关基础法则的发现。我们仍然在利用团队发展、目标管理、职务丰富化等技巧进行广泛实验。

37．很多人认为这些法则是无法制定出来的，因为人与人的关系太复杂、有太多的可变性，而且他们应用的环境又多种多样。但我认为，是我们缺乏胆量，或者，是我们野心太大。我们在寻找适用于一切事物的法则，但是我们可以更明智地去寻找在相对限定的环境中适用于所限定人群的法则。那么，为什么要担心控制一个冠军篮球队发展的法则与控制一个杰出的弦乐四重奏乐团的法则不相同呢？它们的技术是如此不同。

第14章 干预

干预措施分类系统就像鸟类指南那样多。不幸的是，大部分干预分类模型太长、太复杂、有争议，并不能应用于实践。我认为做出列表是一种很好的缓解焦虑的方法，但当我面对多个概括了可用方法以及何时使用的二维和三维图表时，仍然感到头晕目眩。

大部分分类模型的问题在于，它们遗漏了关键问题："该项干预措施想要缩小什么差距？"此外，尽管每项干预措施都会对某事有帮助，但没有一项干预措施对所有事情都有帮助，有些干预措施并不能很好地回应特定诊断。例如，如果诊断结果显示关于组织的主要目标有很多矛盾（其中一个原因但不是唯一的原因是，目标管理程序对政府并不像对工业企业那么有用），那么目标管理的方法来影响目标制定和衡量的方法只能说是迷信了。

希望通过培训工作坊提高人与人之间和/或部门之间的人际交往能力是错误的，除非所有人都同意接受相同的培训并加以应用。

French和Bell设计的两套干预方案都简洁明了，见下文。第一套方案根据方法是任务还是过程导向，以及以个人还是以团体为目标进行分类。第二套方案根据需要提升绩效的个人之间的关系进行分类。但请记住，"提高有效性"是每项干预措施的共同目的。选择任何一项干预措施，问问自己下述问题都会有帮助："如何处理雷达屏幕上最紧迫的光点？相应地，哪些问题会被推迟解决？"

组织发展干预措施概述[1]

Wendell L. French Cecil H. Bell，Jr.

1 Wendell L. French and Cecil H. Bell，Jr.，*Organization Development: Behavioral Science Interventions for Organization Improvement*，© 1973，pp. 84-111. 经出版商允许转自 Prentice-Hall，Inc.，Englewood Cliffs，New Jersey。

组织发展干预措施分类图解

有多种方法可用于给组织发展干预措施分类。本章给出了两种分类方法：干预族谱代表一种方法；Bennis的干预类型代表另一种方法。我们希望创建几种分类图解，从不同角度展示干预措施。这样，我们就可以从万花筒的角度（而非仅仅从显微镜的角度）更好地审视组织发展的目的。

了解组织发展干预措施全景图的一种方法是，根据以下几个问题形成干预措施分类模型：（1）该项干预措施主要面向个体学习、洞察力和技能建立，还是面向团体学习？（2）该项干预措施重点研究任务问题，还是过程问题？（任务是指在做什么；过程是指任务是如何完成的，包括人们是怎样相互关联的、发生了什么过程和动态。）根据以上两个问题创建的四象限类型学模型请见图9-1。

个人vs团体

任务vs过程		个人	团体
	任务问题	角色分析技术 教育：技术技能；决策、问题解决、目标设定和规划计划 职业生涯规划 网格式组织发展第一阶段 可能的职务丰富化和目标管理	技术结构变革 调查反馈 对质会 团建活动 群际活动 网格式组织发展第二、三阶段
	过程问题	人生规划 过程咨询及个人辅导与咨询 教育：团体动力、计划性变革 陌生人T-group 第三方调解 网格式组织发展第一阶段	调查反馈 团建活动 群际活动 过程咨询 家庭T-group 网格式组织发展第二、三阶段

图9-1　由两个独立维度分类的组织发展干预：个人—团体与任务—过程

分类图9-1对各项干预措施大体上做了一个分类。由于每项干预措施可能同时具有不止一个象限内的属性，因此精确描述干预措施就比较困难。干预措施的分类不是简单互斥的，它们的关注重点在很大程度上是重合的，而且这一次关注任务，下一次就可能关注过程。但是，我们通常认为干预措施主要属于它所在的那个象限。因此，我们可能看到由于所涉重点不同，各项干预措施也各不相同。

另一种审视干预措施的方法是，将其看作提高特定组织单元有效性的设计。既定的不同的组织目标，采用哪项干预措施最能够改善有效性？请见图9-2。不同干预措施的灵活性在图中清晰可见，很多干预措施被放在多个类别中。

看完图9-1和图9-2后，我们发现在几个分类类别中的某些干预措施和活动是多余和重叠的。这可能使刚接触组织发展领域的读者感到困惑，但是它仍然能反映出不同干预措施可以如何应用。这种重叠的一个积极后果是形成了从业人员了解但外行人并不清楚的干预模式。更清晰的模式见图9-3。

另一种组织发展干预措施分类的概念性架构试图抓住本质，从干预措施底层的因果机制入手，也就是关注使干预措施起作用的底层动力。这一方案争议更大：不同作者会假设不同的因果动态。造成这一结果的部分原因是有关干预的理论和研究相对较少。但是从业人员会根据自己对变革和学习的底层动力假设来对干预进行选择和分类，因此呈现一种这类方式的分类方案可能是有帮助的。

目标群体	干预类型
为提升个人有效性而设计的干预	人生和职业生涯规划活动 角色分析技术 辅导与咨询 T-group（敏感性培训） 提升技能、技术任务所需知识、关系技能、过程技能、决策、问题解决、规划计划、目标设定技巧的教育和培训 网格式组织发展第一阶段
为提升二人组/三人组有效性而设计的干预	过程咨询 第三方调解 网格式组织发展第一、二阶段

图9-2　基于目标群体的组织发展干预分类模型

目标群体	干预类型
为提升团队和团体有效性而设计的干预	团队建设——任务型 ——过程型 家庭T-group 调查反馈 过程咨询 角色分析技术 新团队建设活动 团队环境下决策、问题解决、规划计划、目标设定技巧的教育
为提升群际关系有效性而设计的干预	群际活动——过程型 ——任务型 组织镜像（三个团体或以上） 技术结构干预 过程咨询 网格式组织发展第三阶段 调查反馈
为提升整个组织有效性而设计的干预	技术结构活动 质询会议 战略规划活动 网格式组织发展第四、五、六阶段 调查反馈

图9-2　基于目标群体的组织发展干预分类模型（续）

第15章　组织中的权力

有多少组织、有多少作者，就会产生多少个关于组织权力的观点。有一个与我个人观点一致的看法，是Salancik和Pfeffer的“权变模型”。根据其框架，权力会下放到组织、组织下属的单元和处理对组织运行至关重要的问题的人。在本章中，作者将简单概述这一观点，举例说明，并提出可能出现的误判情况，例如，将一个关键的应急事件误认为你想做的事。

谁获得权力以及他们如何握紧手中的权力：战略性权变模型[1]

Gerald R. Salancik　Jeffrey Pfeffer

我们提出的权力模式是对被称为战略性权变理论的展开说明，我们的观点是权力以某种形式归于处理重大组织问题的子单元（个人、部门）。实际上，权力为拥有它的子单元所用，所有拥有权力的人都动用权力改善自身的生存状态，其手段包括控制稀缺的关键资源、在关键位置放置盟友、定义组织问题和政策。由于权力发展和使用的过程，各组织与其所处环境之间变得既更加一致又更加矛盾。这样的矛盾是组织权力最有趣的一面，同时使得管理成为最不确定的职业之一。

什么是组织权力

你可以到很多组织里直接问“哪些团体或哪些人是这个组织中最有权力的”，而不用担心被误解。尽管很多你询问的人不愿意告诉你，但并不是说他们不能够告诉你，大多数人并不需要明确的定义，就知道什么是权力。

权力，简单来说，就是指某个人让事情按自己希望的方式完成的能力。例如，一个管理者想要为他认为很重要的一个项目增加预算，他的权力就可以通过他获取项目预算的能力来衡量。再如，一个想要升任董事长的执行副

1　经出版商许可转载自 *Organizational Dynamics* 5, 3, Winter 1977, © 1977 by AMACOM, a division of American Management Associations。

总裁，他的权力可以通过他朝向自己目标的晋升过程来证明。当你询问组织中谁有影响力时，组织成员不仅知道你说的是什么，而且很可能给出惊人一致的答案。近来，我们有机会接触一家保险公司的地区办事处。该办事处有21位部门经理。我们向其中10位经理提出一个问题，在所有21位部门经理当中，请根据其在组织中的影响力进行排名。事实上，尽管给21个东西排序是一件比较困难的事，但是这些经理坐定后就开始给包括他们自己在内的同事的名字在表格中进行排序。只有一个人提出了疑问："你们说的影响力是指什么？"我们回答："权力。"然后他只说了一个字"哦"，就开始排序。对比这10位部门经理的排名结果，我们发现大家对于前五名和后五名没有任何分歧，出现差别的地方就在于他们对自己的影响力的评分比同事给出的要高。

这样关于有影响力的人和没有影响力的人的一致性不是这家保险公司特有的。到目前为止，我们已经研究了20多家不同组织的情况，包括大学、研究所、工厂、银行、零售商，这些只是其中一小部分。我们发现每个组织中的个体都能够根据影响力和权力对自己和同事进行评价。我们这一研究既针对某些特殊决策做过，也针对组织政策的一般影响做过。他们的一致性不同寻常地高，表示每个人心中都存在影响力分布图，可以很容易（而且我们假定很准确）识别出来。

组织权力来自哪里

前面我们提到，权力可以帮助组织适应其现实状况。这一充满希望的前景是从我们引用的组织权力的战略性权变理论而来的。简单地说，那些最能够处理组织重大问题和不确定因素的子单元会获得权力。举个最简单的例子来解释战略性权变理论。当某个组织面临多个可能威胁其生存的法律诉讼案件时，法务部门将获得权力，影响组织决策。组织的其他利益团体会认识到法务部门的重要性，并授予其之前并不享有的地位和权力。这一影响还可能超越法务事件的处理，甚至涉及产品生产、广告制作等方面的决策。这种权力的延伸无疑会伴随着适当的或至少可接受的口头解释。如果时机恰当，法务部门负责人甚至会成为企业的最高领导，正如过去当公司的市场份额是最大麻烦时，主管市场的副总裁被提升为总经理，再之前，类似情况也曾经发生在使生产线保持流畅运行的总工程师身上。

这样说来，战略性权变理论绘制出了一幅引人入胜的权力画卷。权力是由组织面临的关键的不确定因素和问题决定的，进而权力影响了组织决策，因此组织将更能适应它面临的现实情况。总之，权力促进组织适应环境、解决问题。

我们可以引用很多证据，来解释说明一个子单元处理应急事件的能力会产生怎样的影响。Michael Crozier描绘了一个法国烟厂，其中维修工程师在整个工厂的运行上都有较大的发言权。经多方探查，他发现这正是这家工厂面临的问题，工厂里精密昂贵的自动化器械经常坏掉，因此机器的检修就是大问题，其他人都只能呆看着。这也是厂长没法控制的一个问题。

生产工人虽然总是惹麻烦，但不会造成无法解决的问题，因此厂长可以比较合理地预测到他们的缺勤，或者在必要的时候换掉他们。通过监测库存和销量，香烟的需求量是提前很久就能知道的，因此厂长可以处理好生产排程。需求量的变化可以通过调节生产线的快慢来满足。烟草和烟纸的供应也可以通过存货和提前下订单来轻松处理。

工厂管理者唯一无法控制也不能接受的问题就是表面看来似乎是偶然的机械故障。当紧急情况发生时，由于故障记录和解决方案被维修部门锁在柜子里或储存在部门员工的脑子里，工头也无法指挥工人继续生产。实际上，机械故障是该工厂不确定因素的一个重要根源，而维修工程师是能够处理这一问题的唯一人选。

维修工程师在解决机械故障时的战略性地位决定了他们在工厂决策上拥有较重的话语权。生产计划的制订和定额都需要与他们商议。而厂长，实际上是他们的老板，在他们部门的人员安排方面却要听从他们的意见。他是为了自身利益而屈服，因为没有维修工程师的配合，他在运营工厂时将面临更艰难的局面……

组织中的权力共享

权力可以在组织内部共享。权力共享更多是出于必要，而非对组织发展原则或参与性民主制度的关心。权力要共享是因为没有一个人能够控制组织中的所有活动。例如，厂主会雇用工人操作嘈杂的机器设备，一旦工人被雇用了，他们就在一定程度上可以控制这些机器设备。于是，工人在使用机器方面实际上会拥有比厂主更大的权力，就像厂主在其他方面比工人有更大权力一样。比起去关注谁的权力比谁大，更有意义的是，认识到组织的本质就是权力共享。

下面我们再扩展一下“权力来自组织想要进行的活动”这一概念。管理组织影响力的一个主要方法是指定活动。例如，在我们研究的一个银行，我们看到了这一原则的应用。该银行计划安装一套计算机系统用于信贷评估。银行非常有先进观念，担心这样做会对员工产生负面影响，因此就员工对此事的态度做了调查。

有趣的是，反对安装新系统的主要人员并不是那些之前负责审核信贷、安装新系统后会有职位变动的员工，而是信贷部门经理。他反对的原因非常简单。他的主要工作就是申请的批准、批准前的纠错，以及判定员工犯了什么错、应该怎么做。这样一来，银行的其他人员，包括他的上司、下属和同事，都会赋予他相当高的重要性。而他可以指出，在自己管理下造成坏账的信贷审批比例较低，超越了其他金融机构。现在，在他看来，一台令人讨厌的机器可能将他的角色转交给一个计算机程序员——那人可能对金融一无所知，而且比他年轻10岁。最后，这位信贷经理辞职了，然后接受了一家规模较小的公司薪资较低的职位，但他的新职位所具有的影响力高于原单位计算机系统上线后赋予他的新角色。

由于权力来自组织活动而非个人，因此个人或子单元的权力永远不是绝对的，最终取决于情境态势。一个人拥有权力的大小不仅取决于被他控制的活动，还与其他帮助完成活动的人或方法，以及决定最终想要的结果的人相关，因此，也与组织最终想要完成的关键活动相关。两个情况导致一个人的权力总是取决于其他人——其他人、团体或组织可以决定组织的关键应急事件的定义，也可以削弱个体对应急事件贡献的独特性。

关键应急事件

大多数组织面临的应急事件源于组织所在的环境。而应急事件决定了需要的资源，以及需要处理的问题。权力围绕着组织需要处理的问题产生，这形成了一个重要机制，使得组织可以适应外部环境的要求。战略性权变模式显示，能够为组织贡献关键资源的子单元将获得影响力，其影响力又会将组织活动导向需要资源的应急事件。这一观点看起来似乎很显而易见，但是这绝不会降低它的重要性。事实上，尽管它比较显而易见，但仍能逃脱很多分析师和管理者的注意，他们经常把组织看作递降的金字塔，其中同一层级的各个部门拥有相同的权力和地位。这一假设否认了每个部门能对整个组织资源做出的贡献不同的事实，同时也否认了有些部门比较平等，有些部门则不然的事实……

关键应急事件与权力基础的腐蚀

组织面临的关键应急事件可能发生变化。当这一变化发生时，合理的预期是个人和子单元的权力也会相应发生变化。有时，这种变化是快速而杂乱的，正如纽约市的掌权者。几年前，《纽约》杂志还报道称，David Rockefeller被认为纽约市最具权势的十个人之一。《纽约》杂志每年都会为读者评出有权势的人。但那已经成为过去，后来纽约市陷入金融困境，David的美国大通曼哈顿银行也失去了它昔日的风采，此外David的哥哥Nelson在华盛顿的影响力也大不如前。显然，David已经不能够帮助这个城市走出困境了。另一位失势的人是一位与这个城市的政治和宗教领导人私交甚笃的律师。他的才能已经不再大受欢迎。之前影响力较大的人多是给这个城市提供钱财的银行家和养老金管理者，而那些代表黑人和西班牙裔美国人的社区领袖却见证了他们的权力基础逐渐被侵蚀。

权力随着组织环境的变化而更迭，这一观点暗示着，最适合组织环境的群体会成为居于统治地位的联盟，同时会成为组织的领导者。我们可以从美国工业企业最高管理者的演变历史观察到这一现象。截至20世纪50年代初期，很多顶尖企业是由前生产线管理者或工程师带领的，因为这些生产线管理者和工程师有能力处理生产问题。然而，他们的成功也导致了他们的消亡。随着生产日益程式化、机械化，大多数企业存在的问题变成了如何将高效生产出来的产品销售出去。市场总监越来越多地出现在公司董事会里。成功再一次超越了它本身，为了保持市场和生产稳定，只能靠收购竞争者和供应商，或者发明越来越吸引人的产品，所以企业通常需要大量的资金。20世纪60年代，财务总监开始占据重要位置。同时，他们也会给其他人让路。逐渐进入人们视野的是法律顾问，因为行业监管和反托拉斯法在20世纪70年代越来越盛行，而前管理者造就的企业成功扩张开始引发各种诉讼案件。在很可能被众多跨国公司控制的更遥远的未来，我们会看到前国务卿和他们的下属逐渐成为企业傀儡。

弄错关键应急事件

子单元得以保留其权力的原因之一是：它们有能力说服对组织它们的职能是很重要的，尽管事实可能并不是这样。以我们对大学中权力的讨论为例。有人可能不明白为何大学的最重要任务是研究生教育和学术研究，其后果是那些能带来捐款和合同的人享有权力。为何不是其他任务更重要？原因是很多权力更强大的系主张这些标准，并赢得了支持，而它们能赢的部分原因是它们更有权力。

在对大学的另一项分析中我们发现，所有系在预算分配中都会提倡对自己有利的标准。这样，本科生较多的系就可以争辩说应该根据入学人数决定预算分配，而全国名声较为响亮的系会要求将声誉视作预算分配的最合理标准，以此类推。我们进一步发现，倡导这些谋私利的标准确实对某个系的预算分配额度有利，但那些权力已经很强大的系也获得了更大的回报。

组织需求与当前的权力分布一致，也是因为人们倾向于将问题用熟悉的方式进行分类。会计师将组织绩效问题看作成本会计问题或存货流动问题。销售经理将组织绩效问题看作市场问题、促销策略问题或销售人员过于老实的问题。但真相是什么呢？由于真相不会自己跳出来，因此很可能的情况是，那些先前已有较高公信力或权力的人继续受益。尽管不是故意表现得很自私，这种偏差实际上进一步将权力集中于那些已拥有权力的人身上，无论组织的环境发生何种变化……

第16章　组织间的对比

很少有人研究诊断组织时需要考虑的不同组织之间的差异。重要的差异可能包括：

1．环境；

2．任务导向；

3．目标；

4．职能；

5．所需的结构化程度。

每个因素都会影响所有盒子，而且这种影响通常是不易理解的或没法完全进行预测的。本章将学术医疗中心与工业企业进行了比较，对这些问题进行了进一步阐述。这类综合分析也适用于高等院校。

为何组织发展（到目前为止）对医疗中心无效[1]

Marvin R. Weisbord

很多行为学家（包括我）热衷于理解并帮助改善医疗机构的情况。这股热情与卫生管理人员改善其组织的热情有一拼。在我比较悲观的日子里，我们共同的狂热让我想起已故Saul Alinsky常讲的一个故事。一只发情母狗在纱门后面上蹿下跳，而邻居的猎犬则用力抓门想靠近她。

“这真好笑，”母狗的主人说，“你的猎犬已经绝育了。即使他能进来，也什么都做不了。”

“你不明白，”邻居回答道，“我的猎犬是个咨询师！”

虽然我们中的很多人都试过用爪子挠纱门，但我们发现医疗中心牢不可破，至少用我们现在的设备是攻不破的。一方面，存在大量文献描述各类卫

1　经出版商许可转载自 Health Care Management Review 1, 2 (Spring 1976).

生组织[1]，另一方面，很少有实践性数据表明该如何有效使用相关知识。我对几位健康中心的管理者进行了采访，发现他们正变得日益绝望，因为他们正在努力的组织好像个无底洞。

如果那些自身并非健康服务提供商的机构希望对健康服务组织的运作产生有效影响，我们必须从一开始就爽快承认：无论某些管理方法在其他环境中发挥了多大作用，它们在医疗机构里都毫无用武之地——以任何科学客观的标准来看都是如此。

在本章中，我想从一个组织行为学学生的立场进行新研究，探索医疗中心的苦恼。我会解释为何我曾寄予厚望的灵丹妙药——组织发展——如今连安慰剂都算不上。我的中心论点是：医疗中心跟工业企业不一样，医疗中心的协作问题不是理性能够解决的，即使应用目前最先进的管理实践也不行。我认为其他管理技术的倡导者会发现这个解释对他们也适用。

我认为，有三大原因能够解释组织发展在工业企业的应用效果比在医疗机构的好：

1．医疗中心很少具备工业企业的一些正式特征，而组织发展学跟所有管理科学一样，是在工业企业首先被认可、测试和发展起来的。[2]

2．医生和科学家都已经高度社会化，形成了理性、独立且专业的行为方式，这与一般组织中最狭隘的个人主义追求是对立的。[3]

3．因此，医疗中心需要三种不同的社会体系，而不像工业企业那样只需要一种社会体系。行政人员的任务体系、可加强职业地位的身份体系以及可设置标准的管控体系，这三种社会体系之间的联系是相当脆弱的。

因此，很难在个人和组织之间实现完美匹配。医疗中心代表着已故心理学家马斯洛所称的“低协同机构”[4]，即虽然体系之间彼此高度依存，但人并不会据此行动。这跟企业恰恰相反，在企业中，当人们学会彼此合作时，生产率会明显提高。

在协作程度较低的机构中，很难运用组织发展学的知识，因为它是基于文化中一个不太普遍的假设之上的：通过试错，可以发现一些既能够提高生产率，也能够提升自尊感的组织规程。在工业企业中，人们认可这一探索符合他们的共同利益，即使他们怀疑它的价值。而在医疗机构中，专业人士从骨子里相信，一个组织生存所需的规程会对他们不利。我们需要一个全新的适用于医疗中心的非工业模式。工业企业无法充当一个很好的老师，因为医疗中心的专业人士感到使用"像商业一样的"方法是对他们自尊的伤害。为何在医疗中心协作会比在商业公司带来更多的威胁感?

组织发展是基于工业行业的

几乎所有的组织发展理论和研究都源自工业行业，包括Argyris、Beckhard、Blake、Mouton、Herzberg、Lawrence、Lorsch、Likert、McGregor、Trist等人的开创性研究。埃克森美孚石油公司、得州仪器公司、天合汽车集团和联合碳化物公司都为研究者提供了临床测试场地，研究人类满意度和生产力之间的关系[5]。这很可能是因为组织发展的目标是帮助组织更好地平衡结构性约束和对创造力的需要。此类约束在工业组织中存在最广，超过任何其他地方。

结构是很重要的，它是理性、系统性关系的产物，此类关系构成了一个组织的本质。组织的存在使得人们能够做出自己认为有价值但一个人做不了的事情。但是，无论多有创造性的组织，都只有当四大关键结构性特点相互平衡时才能发挥作用，这些特点限制了个人的行为：

- 任务依存；
- 具体目标；
- 绩效评估；
- 正式授权。

这些结构性限制共存的状态，使得组织对其非正式系统的改进非常敏感，因为人们会通过自身的规范性行为执行目标或破坏目标。从历史角度而言，工业公司是按照教会和军事思想家的理论来设定其结构的。对它们而言，权威、目标和相互依存性是最核心的：当今社会，官僚主义作为一种结构模式广泛存在。19世纪时，技术和绩效评估的发明使得官僚主义与生产联姻。作为一种职业，管理层诞生了。官僚主义的好处在于确定性和秩序。但是，跟很多工业产品一样，其实践做法并未很好地成熟起来。很快管理者就发现，官僚的流程给他们带来了棘手的死板表现。这与性能最优化的目标是背道而驰的。此外，发展到某个阶段时，秩序带来的约束就超出了其带来的好处，限制了个人的判断力，因此产量下降了，随之而来的是，大家的自尊受损，士气低落。

在工业行业中，组织行为学家使用组织发展理论是找对了药。我们引入了反官僚的价值观和做法，使得人们有正当理由去做并非自己日常工作的事情。这就包括检查团队如何解决问题，人们如何表达自己的情绪并据此采取行动（“个人风格”）、规范、政策以及冲突处理方式——检查所有一切可能影响工作表现的东西。

组织发展方法还包括以下称谓：团队建设、流程咨询、群际问题解决、调查和数据反馈。所有这些都帮助人们理解、表达、了解和摆脱自身非理性的约束。于是，人们可以在目标、授权、任务依存度和绩效评估之间实现更好的平衡。组织成员一起经历了这些以后，会更有责任心和进取心，想一起把事情做好，而一旦他们的努力得到认可，他们的士气就会大大增加。

卫生保健专业人士的社会化方式不同

科学工作者与产品生产者的工作方式明显不同。卫生保健专业人士将严谨的科学作为其培训内容进行学习。这一流程（虽然不是直接地）向他们灌输了独立决策、个人成就，以及提高个人工作表现而非组织业绩的价值观。

结果就是，医生对具体机构的认同感相对较低，而与医学界文化的联系更加紧密。这就形成了医生独立于工作背景的价值观、技能和知识储备。对他们最为重要的奖赏——尊重和名声，更多来自更大的舞台，而非他们工作的机构。

医疗中心：三个体系，而非一个

卫生保健行业和工业行业都需要融资；都需要客户；都有投入和产出、环境限制、实体设备、技术、雇佣合同和管理者。但与此同时，医疗中心的一些更为重要的活动似乎与其行政机构无关。

专业人士会卷入三个社会体系：任务体系、身份体系和管控体系。这三个体系彼此较量，此消彼长。卫生机构行政人员对这三个体系的影响是最小的，这与工业企业管理者的情况完全相反。

任务体系指的是一个具体的工作组织，它负责协调三大任务：病患护理、教育和研究。身份体系指的是职业发展或在医学学科中的职业轨迹，很多卫生专业人士的社会地位和自尊都取决于此。管控体系指的是任务体系以内和以外的委员会、董事会、代理机构等组成的网络，负责为这一职业设定标准。每个体系都拥有其自己的基本规则和成员资格要求。每个体系对其他体系而言都很重要。卫生中心的专业人士属于所有体系。但是任务体系在很多方面都与其他两个体系格格不入，反之亦然。

任务体系

在工业行业中，任务体系有一个具体的称谓——管理。而在医疗保健行业，任务体系则被称为“行政”。我使用任务体系这一通用术语去表示“管理”或“行政”的含义。

卫生保健专业人士从事的是下述四个任务中的一个或多个，这些任务之间彼此需要协调配合：(1)病患护理；(2)教育；(3)研究；(4)行政。对于一个比较完整的卫生保健体系来说，每个任务都是独立的且有价值的。这些任务构成了医疗中心、医院、诊所和保健组织的所有工作。

从表面上看，病患护理、教育和研究很像商业公司的生产、营销和研发。这些表面上的相似性鼓励人们在卫生保健体系使用工业技术，如项目规划和预算制定、目标管理、组织发展等。

这就创造了一个假象，但这些看似很合理的东西经不起考验，因为工业企业和医疗机构的任务体系差别太大了。它们在上文所述的四个特点方面缺乏共性，而恰恰是这四个特点使得工业企业成为组织发展的温床。在工业企业中，管理层会试图获得组织支持，统一定义任务如何相互依存、授权和评估，以及设定具体目标，同时避免财务损失。但正如图1所示，在综合医疗中心，目标是比较抽象的，授权是分散的，相互依存度很低，且很少进行评估，因为容易起争议。由于医疗机构存在三个体系，因此就很难获得组织的支持，规避财务损失就更难了。我们先依次讨论这四个特点。

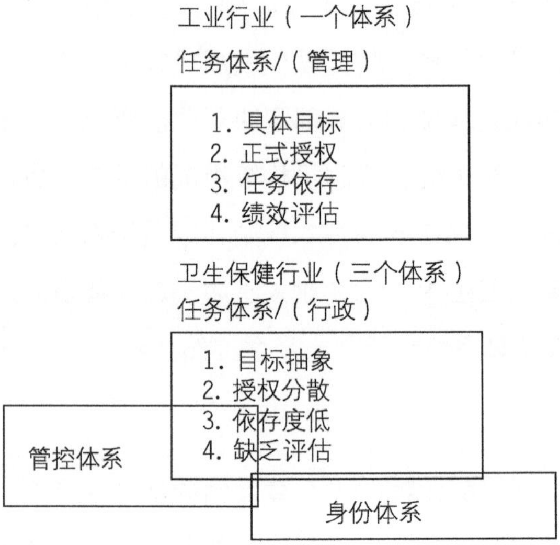

身份体系和管控体系的重叠部分阻碍了任务体系中的目标、授权、依存和评估的应用。

图1　工业行业和卫生保健行业的体系差异

任务依存

无论企业规模大小，工业行业的管理者每次只需进行一项任务。例如，工业企业的普通员工只属于一个部门，如生产部、市场部、销售部或财务部，而管理者会在多个部门轮岗，但不会同时完成生产、市场、销售和财务任务。尽管如此，这些任务之间却是相互依存的。工业企业要想获得成功，需要较好地完成所有任务。这种混合需求，又称“任务依存”，是基于两个概念的：任务分化和任务整合。整合的目的是为了更好地完成特定目标。

Lawrence和Lorsch通过实证研究展示了这一点：在一个成功的企业中，这两个概念是互补的[6]。他们的研究表明，人们在不同任务上需要不同的社会/情感导向。比较重要的差异包括：时间范围（反馈的速度有多快）；人际关系（有多重要）；目标（有多准确）；等等。此类事项似乎会随着环境复杂度和变化速度而有所不同。成功的管理者都认识到了这一点。

当然，这些差异尽管是必要的，仍旧引起了冲突，因为组织中的不同群体实际上拥有不同的目标。研究发现，效率高的管理者不仅能够娴熟地分化，而且能够很好地整合，即有效地管理不同职能之间的冲突。除了人，整合机制的例子还包括信息、成本控制、预算编制和规划体系。

现在，我们来看下医疗中心的差异化和整合问题。首先，健康中心主要是根据专业区分的。每个专业都有自己的小业务，即服务。在每项服务中，同时有几项任务进行着：病患护理、教育、研究和行政。此外，这些任务均由身兼多职的人进行。医疗中心的专业人士很少只从事这几项任务中的一项，因为只参与一项任务会严重阻碍其在其他两个体系中的地位和流动性。最复杂的例子是医学院中称为“系主任”的单人实体，他的头衔表明，他不仅要做四项主任务，还要管理其他同时做一项、两项、三项或四项任务的人。

Lawrence、Lorsch和我均发现，我们必须将Lawrence-Lorsch理论倒过来[7]。想象一下，当任务差异不仅存在于各个职能部门还存在于个人身上时，这个组织该有多混乱啊！正如图2所示，协调工作通常是由个人在心血来潮时完成的。

管理者如何管理这样一个体系？难度很大。但还能坚持运行，原因是个人非常善于分化和整合他们手头的任务。与“我的本职工作”相比，卫生专业人士一般会在“其他一般性任务”中发现更多冲突[8]。

工业公司

销售	生产	研究

一个萝卜一个坑

问题：整合。战略目标是什么？

医疗中心

病患护理	教育
研究	行政

身兼多职

问题：分化。每个人手头都在进行什么任务？

这些任务兼容吗？

图2　两种不同的任务体系和组织问题

对我而言，身兼多职与其说是一个个人问题，不如说是一个组织问题。如果不能预测每项任务的每天完成量、这项工作的战略目标、其所花费的成本以及谁将为它买单，任务体系管理者就不知道该怎么办了。

这就解释了行政人员和专业人员之间的很多冲突。一方试着进行协调，以完成机构目标；而另一方由于存在个人目标，将这看作官僚主义的约束，认为其阻碍而不是帮助他们做好工作，而且降低了他们的自主性。

具体目标

对工业企业而言，设置优先级是很重要的，因为它代表合理的资源管理。只有当“目标是确定的”，Peter Drucker（现代管理学之父）写道，“才能将资源按照其成就、优先级和截止时间进行分配，才能有人对结果负责”。[9]

卫生机构的优先事项是很难设置的，因为每项任务看起来都一样紧急。医院管理者认为病患护理很重要，医学院院长认为教育很重要，而临床医生则认为自己的专业发展更重要。对很多老师来说，研究是最重要的，因为它能带来学术上的进步、同僚的认可以及个人的成就感。[10]

三腿凳定律

著名的“三腿凳定律”——对服务、研究和教育付出一样的努力——使每个人能够随时捍卫其所做任务的首要性。Drucker写道，服务机构被全方位围攻，要适应所有社会和政治需要，“无法集中精力，必须尽力安抚每个人”。因此，医疗中心的关键问题是：我们付得起这个代价吗？组织性的问题是：我们这么做合理吗？

一种解决这样不可忍受的矛盾状况的方法是：指定优先的服务或客户，缩小目标，使现有技术的协作更切实可行。这一政策使服务范围有限的私营医院成功发展，而当地医学院的附属机构出现崩溃。

如果治疗选定疾病获利，而完全限制或抑制教育和研究，那么“商业化”运营更为简单。但同时，这里存在专业成本。被医学科学研究中心吸引而来的医生，希望自己能够选择做什么任务，从而在各自领域保持领先地位。如果受限于每次处理一个任务，就会阻碍医生学习、成长、创造和贡献，从而引起他们的抗拒。

然而，这一阻碍不是不可逾越的。即使不强迫医生放弃某些角色，也可以对任务差异进行理性分析。例如，可以为每个人的不同角色签订单独的合同，而不是将很多任务分配给一个打上了“教授和主席”标签的无差别人员。

绩效评估

在工业企业，问责依赖于对一组数字的管理。设定目标、分配和协调工作似乎毫无意义，除非你能跟踪进度和在过程中修正。商业企业使用三个主要指标：成本、生产率和盈利能力。

客户是实施问责制的裁判员。他们的行为会影响管理者管理的数字。客户可以用脚投票，游说国会、写信给Ralph Nader、担任纠察、联合抵制，总之让组织过上悲惨的生活，取决于有缺陷的产品给客户本人带来痛苦的程度。卫生保健客户——患者、学生——的选择很少。他们可以做上述事情，但是如果那样的话，他们就是在与三个系统做斗争，其中两个系统有文化/国际化的根源，而不是在某个地方有办事处的单一实体。

卫生保健任务体系使用三个主要指标，每个指标都衡量完全不同的维度：（1）预算规模；（2）空间；（3）受薪“全职人力的人数”。良好绩效要求每个指标都提升，而指标下降就意味着绩效较差，正如Drucker所述的，“没有机构喜欢放弃它所从事的事情”。

质量控制是一个行政问题，但这是行政人员难以管理的；质量标准不是从客户到管理者到组织，而是从管控体系到管理者到客户。考虑到医药性质、公众期望和医生培训，医生要负责建立和执行质量标准。

从前，这是一种极为个人的行为，而不是组织的行为，直到最近才有所改变。医院认证联合委员会认为，“这种评估”“没有以系统方式完成，没有反映医院护理整体状态”，因此“责任在于审查者，而不是系统”，这使得机构难以学习并使用不同的方法。[11]

因此，虽然大多数医生拥有和实践了高标准，但将好或坏的标准与金钱、空间和人员决策关联起来的组织程序很少。医院认证联合委员会关注的新焦点是结果审计（患者感觉怎么样），这是走向良好组织的一步——如果这种数据可以关联到任务体系的决策，而不仅是医生的能力。但是，只要两套标准彼此独立管理，医疗费用就会继续螺旋式上升。

正式授权

加强管控，并将管控与任务体系的衡量指标关联，不仅需要认知性行为，也需要决断力。工业企业中的管理者得到承认并有权做决定，即使人们质疑他们决定的正确性。从长远来说，市场的需求，会证明这些管理者的决定是正确还是错误。

在工业企业内，批准“团队建设”需要正式授权。团队建设是一种民主化过程，用来帮助自身影响力太弱的人提升影响。此外，正式的上司下属关系提供了一种设定，允许人们密切注意一些对完成任务很重要的动力：焦虑；群体共谋以维持问题；对老板不切实际的期望，反之亦然；对错误不容忍；不愿坦率说话；对一起工作的人与人之间反馈的影响。医疗行政人员无法避免这些动力。很多人对结果负有法律责任。尽管如此，在实践中，他们的正式授权仅限于护士、助理、技术员、服务员和其他管理员。授权不包括医生和科学家。在这种情况下，业务工具和培训的使用受限。健康服务行业的行政人员发现自己更频繁地玩策划同意的政治游戏，而不是实施决策的管理游戏。

Lawrence、Charns和我问过几百个医学院教员，他们在接受医疗任务的时候会对谁负责。在20%以上为本科学历的教员中，55%认为患者护理，70%认为“没有人”，或不予回答，或指定了医疗中心以外的人或集团。而责任制是一个讨论很多和非常重要的概念，在用于他人时，很多医学教员根本不能想象任务体系的责任制。对于他们而言，基于身份体系来设定标准，这是纯粹的管控问题。[12]

身份体系

医生身份体系是理解医疗系统难以组织的关键。这里面存在复杂且相互作用的力量：医疗品格、医生如何社会化、社会对医生的期望。所有这些力量加强了医生的自我概念，很大程度上基于诊断和治疗疾病所需的专业技术，以及做出生死攸关决定时坚韧不拔的精神。这种象征系统存在于每个医生心中。它基于公众认同的职业资格，并会带来地位和自我价值感。这会导致四种约束。

自我概念约束

与疾病相关知识的科学定义是极其有限的。对于很多医生，生命医学模型外的所有数据都难以吸收内化，更不用说采取行动了。这不是否认现代医学的骄人成就。但这确实会导致医生为了保持身份认同而付出高昂的内在代价。大多数人认为与任务相关的感受无关紧要。某些医生在听到我们建议说情感构成了“科学”的数据，值得研究、整理、理解，并需要与自己从事的专业整合时，表现得非常情绪化。在极端情况下，很多医生会有共同的文化信念，认为流露感情是不职业的，是放弃理性和软弱的表现。在不受控制的歇斯底里的宣泄和极端自我控制之间，他们往往看不到中间方法。然而，确实有人在工作时持续积累愤怒、恐惧和无助。因此，医生很少有办法像使用专业知识一样，建设性地使用自己的情感解决问题。这严重限制了医生与他人工作时的付出程度，也限制了他们与人合作时所贡献的效用。

这种束缚也会延伸到积极的感受上。在医疗保健这种无序系统中，在很大程度上信任是非常宝贵的商品。一个人对另一个人的好感可以作为相关专业技术可靠性的衡量；在专业判断中，很多医生将个人关系和直觉信任作为重要变量。

医学理论无法轻易接纳这一事实。除非你的概念框架包括感情、行为和关系之间相互作用的合理观点，以及这些对医疗实践的影响，否则你无法系统化地利用这些数据。事实上，很高比例的重要医疗决策都是通过这个框架制定的，由正式标准来看，这是对医学极不科学的观点。

责任约束

医生无法公开评判彼此的工作。不管这个概念多有道理，都难以实践。这是合理的，因为身份与狭窄的专业知识有关。只有拥有同等专业知识的人，才能够评判别人的工作。此外，最近，即使在正式做出这种评判时，也是基于医院审计的一部分——基于“我如何处理这个病例”，而不是对患者和对医院的影响。[13]

矛盾的是，每位医生都对健康系统的目标，以及实现这些目标时其他人（非医师）应该发挥什么作用有着强烈的意见。公共医疗学院的院长写道，他们“经常将自己视为全面的医疗专家”，“包括医院的所有部分”。除此之外，甚至包括整个社区，因为很多方面都与“健康有关”。[14]

医学的“自相矛盾”

责任制是医学的“自相矛盾”。某个专业领域的专家证明，该领域对医生的自尊很重要，同时也承认了医生在所有其他领域不具备资格。因此，医生接受医疗行政人员具有管理方面的专门知识——只要不涉及临床问题。麻烦在于，在医院中，几乎任何事情都与健康有关。然而，责任（对于系统整体而言）是极为分散的。虽然大多数医生非常关心质量，但他们很少将这一问题与制度化管理关联起来。

知识约束

身份取决于最新的技术和知识，然而没有人能保持不落后。一名医生跟我说："如果只是每天阅读期刊，我只会缓慢落后。"为了保持地位，医生会保持与时俱进的错觉。发现这不可能实现后，他们会做第二好的决策。他们将焦点缩小，变成亚专科医师。

这会带来很古怪的组织后果。他们无法预测到何时会有新的技术、设备或护理观念产生。可以推测，什么时候医生会对医疗设施施加压力，以获得创新——立刻马上。从身份体系角度来看，这有道理。但从患者护理、教育和机构管理方面是否有道理，要视情况而定。

换句话说，知识以超出任何人吸收的速度堆积，对于医生来说，将自己无法与时俱进怪罪于官僚主义，而不是承认自身的局限性，会更容易一些。

任务相互依存的约束

组织存在的唯一原因是你尝试解决的问题需要它。对于复杂的健康设施，这一点有道理。同时，组织为了实现更好的表现需要有一些合作——这意味着互相迁就。陷入其他几种约束的医生，会被迫指导、控制、决策，并对其权限内所有的患者和患者决策负责。医生难以与任何人分担生死攸关的风险，即使患者本身。更重要的是，这种约束越来越收紧。大量玩忽职守的诉讼似乎都要求一贯正确，而不是尽力而为，把尽力而为当作最低标准。

医生身份对医疗机构有严重影响。维护身份的是专业部门，而不是组织。医学是由专业组成的，而不是通用的任务——服务、教育、研究。专业是普遍存在的，没有标签，难以在医疗中心获取地位。预算往往在部门间流动。项目性的活动——围绕患者问题的知识整合经常很难开展。

除了基于科学的研发，可媲美医疗身份体系的行业还不存在。行业中管理者在很大程度上将自己的自尊与组织成就绑定在一起。当数字上升时，他们自我感觉良好，反之很差。任务和身份体系的需求紧密结合，提高一个的同时也会提高另一个。这个机会使组织发展更有价值，更受欢迎。

管控体系

管控体系设定并维持健康和医疗实践标准。在Vickers的阶段中，“赏识”机制行使评估功能，使身份体系变得有效。[15]

管控存在于机构内外。机构内的部分包括受托人、医院和医疗委员会、审计委员会、医疗学员教授会、行政学院（主席）、任务小组和准许进入课程和分级的委员会；机构外的部分是专业社团、专业委员会、评审组、授予机构和政府。这些会影响准入领域、伦理实践、融资、教育、临床和研究准则。

管控，就它自身而言，是三个体系中组织得最好的。然而，从卫生保健系统的角度来说，管控体系往往有三个缺陷：

执照由管控团体发放，而不是就业合同，这影响了身份体系运作。实现医疗地位，没有必要证明与其他人合作的能力，也没有必要了解组织的复杂性。此外，没有必要在特定任何体系中展示成就。技术能力一旦得到认证，其他一切都会自然达成。

管控体系往往比任务体系更封闭，任务体系需要天天与患者、学生和公众互动。而人们能影响卫生政策的渠道很少，尽管这一情况在变。

此外，管控体系和任务体系之间的连接是断断续续的，而不是组织良好的。例如，大多数医院的利用率要在第三方付款者的成本压力下进行评估，这是重要的任务问题。同时，医院也受到分阶段审计结果的压力，以确保实现标准统一和高质量护理，而后者属于管控功能。基于医院目前的结构，医生是否有机会与管理者一起分析数据及其对目标和成本的影响，是存在疑问的。另一个结果是，行政人员被要求实施他们无力判断的标准。这加剧了医生和管理者之间的内在冲突。管控体系与相互依存背道而驰。迄今为止，内部委员会会议是医疗中心的最常见类型，会议往往很长，令人失望，通常不会得到结果。部门忠诚要 比管控体系代表的整体忠诚更强烈。没有具体的组织目标，就难以对任何事 情有好感，除非是最不限制行动自由的东西。

连接不善的高成本

自始至终，我都尝试说明任务、身份和管控之间缺少连接的重要性，并演示这个体系是如何抵制合理管理并产生成本的。

由于三个体系之间缺少连接，因此需要更多的任务体系行政人员，这首先就会产生固定成本，使其作为“协调税”挤占专业人士的预算。尽管如此，整合仍然存在问题。系统要朝向哪个方向进行整合呢？就像猫追自己的尾巴，不过是在专业人士没有共同目标的情况下继续扩大行政体系。

其次，产生的是异化成本。医疗中心的反常之处，是任务体系奴隶般地模仿工业中最不适用的官僚主义模式，功能专业化定义了健康服务行业中从业人员的地位，尽管我们迫切需要代表全部人——患者、学生、社区、专业人员本身的整合项目。

举一个例子。请思考医生护士关系的恶化和医院成本高企这两个问题之间的连接。医院患者需要三件主要事情：医疗护理、个人照顾，以及帮他获得这个复杂体系对自己的关注。医院提供医生首诊服务。越来越多的助手“亲自动手”护理，充当办事员处理文书工作，协助技术员处理医疗试验，扮演监督员为病人申诉。可以在临床任务和行政任务之间提供联系的护士，正在被排挤。他们通常不想要范围狭隘的工作，因为他们所受到的培训使他们可以承担更大责任。

在目前的格局中，尽管他们会花更多时间陪患者，通常比任何人更能理解身体、情绪、社会和行政问题之间的复杂关系，但是他们无法很好地使用自己的知识[16]。他们接受了临床和行政两方面的培训，因此比医生或行政人员更有可能成为优秀的医院整合者。但相反，他们选择投入寻找身份的游戏，成为执业护士，因为包括他们自己在内，没有人能够想得到他们的培训有更合适的用途。

（到目前为止）为什么组织发展行不通

因为面对面的相互依赖在解决医疗中心问题方面非常重要，似乎合理的是，有组织发展技能的应用行为科学家，会有一些有用的方法。我们也有我们的约束。

首先，我们的知识不够。对于如何协调主要任务，我们有些想法，但基于工业行业的理论并没有阐明如何将医疗体系的三个体系连接起来，找到方法同时改善个人和组织。尤其是，他们没有考虑到完全基于个人成就的、高竞争性的身份体系。

然后，我们的减少结构、提高相互依存度的技术不管用，因为相互依存的行为无法给组织带来回报。如果在这种竞争环境中实践减少结构，就会进一步提高职业焦虑，因为这些技术所设法改善的状况本来就不是医生看重的。

组织发展需要结构化——创造与我们的人文价值观一致的干预措施。然而，我们与健康专业人员都对愚蠢的繁文缛节极为怀疑[17]。目前我们还无法发现自由流畅的“有机”关系和行业限制之间的中间地带，我们可能抗拒投入持久的努力（而非断断续续或临时性的），而这是产生创新性结构所必需的。

健康管理者的困境

我们所有人的风险是深受Maslow称为“不切实际的完美主义危险”[18]。这种综合征可能的部分原因是院长、主管、董事长和管理员的半衰期很短。了解现场第一手资料的很多人在进入管理层之后，会认为自己与他们的前辈不同，能避免大的错误。

他们认为陷阱（很少有相反的证据）在于个性，而不是系统，但很快会发现他们无法轻易改变其他人。相反，他们力图获取新技术和知识，用使自己成为称职医生或科学家相同的方式改变自己。他们研究目标管理、计划项目预算系统和更冒险的组织发展，似乎一旦理解这些结构，就可以操纵组织。然而，课程的依据是工业企业的实践，涉及迥然不同的剖析。

工业企业战略性地使用技术，而他们是随机使用技术，以弥补某些情况，又抑制另一些情况。他们发现自己经常要拒绝自己喜欢的人，反对他们欣赏的想法，阻碍他人的创造力，自己所做的好事不被欣赏，却为了无数人认为他们应该做的事情而被攻击。只有少数人能将问题重新定义为超出技术的东西：如何探索/转换/发明全新模式。

怎么做呢？这个似是而非的论点很深奥。虽然身份体系制定游戏规则，管控体系制定规章，但任务体系才是游戏场。只有技术专长的人员胜出，才会以牺牲他人为代价，危害本已脆弱的系统。一个关键变量是对缺少联系的认知，任何缺少管控机构批准或可能威胁身份的管理变化都不太可能稳定。

矛盾的是，在缺少相关组织理论的情况下，引进对三个体系敏感的新管理实践，需要先天的政治和人际技能。这些技能，虽然供不应求，但并不是完全没有。我很荣幸地在与一些管理者合作，他们在做一些值得研究的事情：

- 由部门和项目一起编制预算，从而鼓励整合的活动；
- 阐明中心的机构目标和部门目标；
- 使专业人员参与管理任务；
- 更慎重地规划资源管理；
- 使医生和科学家参与机构预算讨论；
- 教育他人这些任务的复杂性。

以“不完美还不如没有”的医疗标准判断这些努力的效果并不合适，因为没人知道，“完美”是什么样子，而在组织创新像药品一样稀缺的系统中，“没有”是不可接受的。

对我来说，卫生管理人员的明智目标，是在目标、相互依存、权限和措施的一致性中取得小的进步，如10%。小小的合理化举措，经过管控体系批准，考虑到身份因素，它能大大促进医疗中心的人性化。

图3显示了我认为在医疗中心的个人/组织匹配的任何新理论中，必须考虑的复杂的相互依赖关系。现有技术力求合理化任务体系（实线）。他们是否实用，就要看他们是否可以用来连接三个体系。不愿意实验新的结构关系的人无法促进改变，因为所需要的改变正是他们所抗拒的。夸张一点来说，所需要的变化肯定与我们已经了解的结构种类不同。那应当是一种鼓励、支持和利用创新、个人主义和独特行为的结构，以实现社会所希望的目的。

如果我们能坦白自己的无知和在这些事项上的价值观，我认为，我们就准备好“正确”的问题了：在卫生保健行业的特殊情况下，如何更好地协调人员和工作。

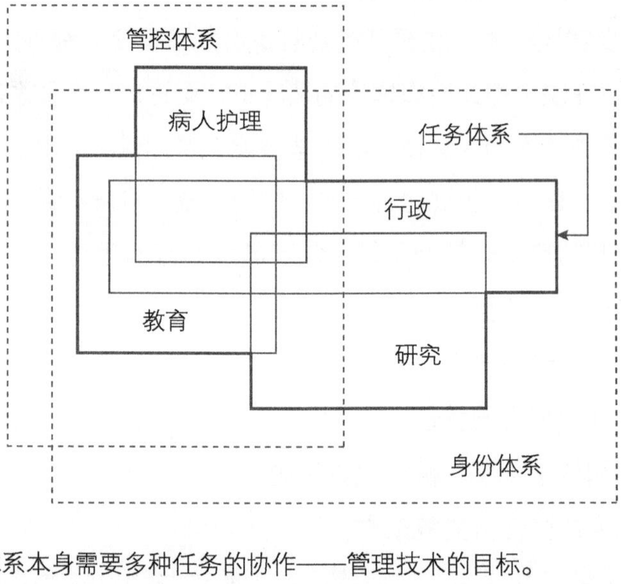

1．任务体系本身需要多种任务的协作——管理技术的目标。

2．此外，管控体系和身份体系需要进行连接。这一点的理论不充分。

图3　医疗中心所需的连接体系

参考文献

[1] Georgopoulos, Basil S. (Editor), *Organization Research On Health Care Institutions*. Institute For Social Research, The University of Michigan, Ann Arbor, Michigan, 1972.

[2] Friedlander, Frank, "OD Reaches Adolescence: An Exploration of Its Underlying Values." *The Journal of Applied Behavioral Science*, Vol. 12, No. 1,1976.

[3] Freidson, Eliot, *Professional Dominance: The Social Structure of Medical Care*. Aldine Publishing Co., Chicago, Illinois, 1970.

[4] Maslow, A. H. "Synergy in the Society and in the Individual," Chapter 14, *The Farther Reaches of Human Nature*. The Viking Press, New York, 1972, pp. 199-211.

[5] French, Wendell L., and Cecil H. Bell, Jr., "A History of Organization Development," *Organization Development*. Prentice-Hall, Inc., Englewood Cliffs, New Jersey, Chapter 21, pp.21-29, 1973.

[6] Lawrence, Paul R., and J. W. Lorsch, *Organization and Envionment*, Homewood, Illinois: Richard D. Irwin, Inc., 1969.

[7] Lawrence, Paul R., Marvin R, Weisbord, Martin P. Charns, "The Organization and Management of Academic Medical Centers: A Summary of Findings." Unpublished Report to Four Medical Schools, Organization Research & Development, 1974.

[8] Lawrence, Weisbord, Charns, op cit., page 7.

[9] Drucker, Peter F., "Why Service Institutions Do Not Perform," *Management-Tasks-Responsibilities-Practices*. Harper & Row,1974, Chapter 12, pp. 137-147.

[10] Lawrence, Paul R., Marvin R. Weisbord, and Martin P. Charns. *Academic*

Medical Center Self-Study Guide, Report to Physicians' Assistance Branch, Bureau of Health Manpower Education, National Institutes of Health, 1973.

[11] Jacobs, Charles M., J. D. *Procedure for Retrospective Patient Care Audit in Hospitals,* Joint Commission on Accreditation of Hospitals, Third Edition, 1973.

[12] Lawrence, Weisbord, Charns, op cit., page 6.

[13] Jacobs, op cit.

[14] Lynton, Rolf P., "Boundaries in Health Care Systems" (Backfeed Section), *Journal of Applied Behavioral Science*, Volume 11, No.2, 1975, page 250.

[15] Vickers, Sir Geoffrey, *The Art of Judgment*, Basic Books, New York, New York, 1965.

[16] Charns, Martin P., "Breaking the Tradition Barrier: Managing Integration in Health Care Facilities," *Health Care Management Review*, Winter, 1976.

[17] For a sensible, humane statement see, Culbert, Samuel A., *The Organization Trap and How to Get Out of It*. Basic Books, Inc., New York, 1974.

[18] Maslow, A. H., op cit., p. 217.

后记

六个盒子是组织诊断方面的一个经典模型，凡是能被称为经典的都有其内在生命力。六个盒子的内在生命力源自韦斯伯德对组织的敬畏，在20世纪70年代就采用了开放系统视角来看待组织，用一个简明易懂的框架帮助人们理解组织的很多方面。

大家看完本书，想必对六个盒子的概念，以及每个盒子所包含的内容和要点在认知层面都已经比较熟悉了。六个盒子是一个帮助我们较为全面看待组织的一个理论框架，更是一个实践性框架。我建议你勇敢地在工作中去尝试使用它，只有行动才能带来结果。为了帮助你更好地在工作中运用六个盒子，更得心应手地开展组织诊断和组织发展工作，是写作本篇后记的初衷。

一、心法

1. 不神话任何工具

任何模型都带有人的偏好，六个盒子也带了韦斯伯德的偏好。哪怕韦斯伯德是ODN终生成就奖的得主，是组织发展领域的资深前辈，六个盒子也只是他提出的看待组织的一种视角。有时候，你会看到类似“组织诊断神器”“阿里巴巴组织诊断工具”这样的字眼来描述六个盒子，请相信这是出于宣传需要，韦斯伯德并不这么认为。六个盒子和其他被广泛运用的组织诊断工具（如莱维特钻石模型、科特的企业诊疗模型、Burke-Litwin一致性模型）相比，既没有更好，也没有更差。在你对组织有了深入的洞察之后，你完全可以提出自己看待组织的主张。

2. 组织是一个复杂、优美的系统

没有任何一个模型或框架能够复刻系统的真相和全貌，模型和框架给我们提供了一种理解组织的视角，它们是真实系统的抽象和简化。尽管六个盒

子已经把组织的重要方面做了阐述，但也有很多没有包含的组织元素，如组织的情感面、组织文化、组织政治、员工能力、工作的设计、个体的生命成长等议题，也没有涉及恐惧、权威、亲密关系等在组织中发挥重要作用却很少被重视的话题。当你把六个盒子作为唯一的诊断框架的时候，已经注定你无法进行组织诊断。

组织发展领域的前辈给了我们一个经验：一般要使用三种以上的模型或框架来诊断组织。这样会更大概率确保不遗漏重要信息。我所认识的经验丰富的组织发展实践者，包括我自己在内，其实不太直接使用六个盒子来进行组织诊断。如果使用，它也只是我们看待组织的一个视角，还很可能不是最重要的视角。

3. 组织中的人是最好的传感器

团队好不好，你未必能诊断得到，但组织里的人一定能感受得到。即使你做了访谈，你也很难确信你得到的是真实信息。请一定不要认为自己掌握了六个盒子的工具，就认为自己可以发现组织的问题，进而可以去解决，这有点狂妄了。接纳和欣赏你要诊断的组织和其中的人，带着善意去聆听他们，是你可以提供帮助的前提条件。

二、六个盒子的应用实践

1. 六个盒子的应用范围

六个盒子作为诊断工具，适用于绝大多数组织和团队，既可以对一家公司进行组织诊断，也可以对这家公司内的某个团队进行组织诊断。以下三个方面可以作为参考。

业务复杂程度

简单业务的组织比多个复杂业务的组织更适用。业务不是指团队、小组的多寡，一个600多人的电商公司，其主要业务是进行日用消费品的线上零售，尽管分了30多个小组，但每个小组的差别只在于商品的不同，业务逻辑是相同的。同样一个600多人的生鲜电商公司，业务链条上包括了选品、商品规划、运营、前置仓和中央仓、物流、补货、技术开发，而水果和蔬菜、调味品和海鲜又有完全不同的商业逻辑。后者在使用六个盒子的时候，就很容易陷入差异之争，很难达成共识。如果是像美团、阿里巴巴这样的复杂组织，在公司层面，六个盒子可以作为一个思维框架，是无法作为有效的组织诊断工具的。即使通过六个盒子有一些发现，也很难落地。

人员规模

人员规模不影响六个盒子的使用，取决于上面提到的业务复杂程度。

公司所处的发展阶段

按照企业生命周期的框架，孕育期、婴儿期、学步期都不太需要使用六个盒子来进行组织诊断。处于这些阶段的企业首要任务是适应市场活下来，可以结合六个盒子对组织有所感知，知道哪些地方正在发生什么。在这些阶段使用六个盒子虽然会发现很多问题，但绝大多数问题都是正常的，如目标不清晰、协作不佳、结构不合理等。我们可以让子弹再飞一会，飞到青春期的时候再看看。

2. 作为群体研讨的框架

我推荐六个盒子的最佳用法是引导群体就六个盒子展开对话。邀请不同层级的大约30人以内的人员，分组讨论六个盒子的每个盒子的当前现状和产生的影响，可以帮助大家就现状产生共同认知。然后，让群体形成判断，形成行动计划，这有利于接下来的组织改善动作。

如果采用这种方式，需要先从环境扫描开始，让大家一起看看组织的内外部正在发生什么，这有助于让大家从一个更宏观的视角来看待自己。在六个盒子的顺序上，我一般从“目的”开始、挨个看完每个盒子之后，再回到“目的”，可以按照本书内容的先后顺序。

3. 作为与业务主管对话的素材

假设本书的主要读者是组织发展或人力资源工作者。那么，可以打印六个盒子模型图，和业务主管做个简单介绍，然后询问其对于每个盒子的看法。也可以根据自己对这个组织的感知形成自己的判断，然后和业务主管交换看法。对话的目的不是为了说服，而是提高对方对当前现状的认识程度。

4. 作为自己访谈的参考框架

通常，我们都会在组织诊断的时候进行访谈，可以基于六个盒子设计5~8个问题，作为访谈的内容。例如：

我们的组织目标是什么？

大家对目标的认知一致程度如何？（目的）

彼此之间的协作状况如何？（关系/结构）

我们怎么看待管理团队？（领导方式）

你上一次被激励是什么时候？（激励）

访谈的目的不是为了找到答案，而是为了获取信息。当组织的不同层级、不同职能的人都对这些问题有了自己的看法后，把这些信息汇总在一起，你就会发现同一个组织的人的看法如此不同，你无法得出任何结论。这就对了，因为需要得出结论的是组织自己，而不是你。如果大家得出一个结论——“我们的认知差异太大，需要好好对齐一下认知”，那么你通过诊断为这个组织带来了巨大的价值。

三、你是最有力的工具

2019年中期，我接到了一个团队干预的需求。这个团队大约100人，业务负责人有三个直接下属，各自带产品、运营和销售。业务负责人觉得团队哪儿不对，说不出来的不舒服，但是不知道问题在哪儿，似乎哪儿都有问题，又都不是主要原因。我用了六个盒子对团队的部分人员进行了访谈，得到了大量信息，但是浮现不出任何主题。最后一次和业务负责人的访谈进行了5小时，业务负责人像记流水账一样描述了团队中的点点滴滴。在这个过程中，我感受到了巨大的无力和迷茫感，身体昏沉，仿佛自己置身于一片迷雾之中。我假设这种无力和迷茫感正是此时主管的内心感觉，而这种感觉也正是当前团队的状态。我分享了这个感受，业务负责人对此有高度共鸣。

在访谈临近结束的时候，我的眼前浮现了一个意象：

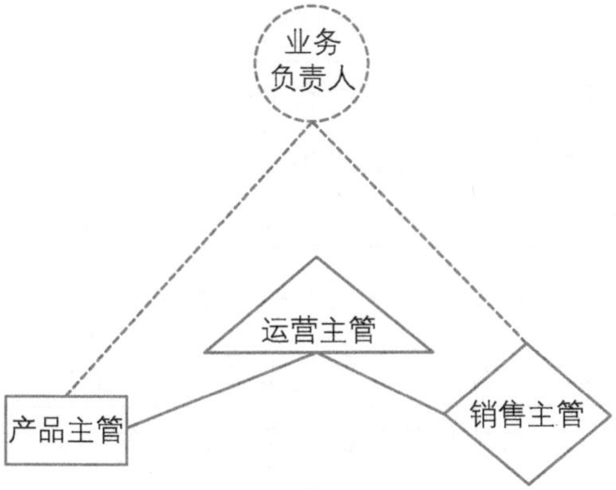

业务负责人虽然是明面上的团队负责人，但是并不在自己的位置上（用虚线表示），和产品主管、销售主管的连接感不强（用虚线表示），运营主管在两次被否定之后，切断了自己和业务负责人的连接，扮演了隐性领导的角色，对产品主管和销售主管影响较大（用实线表示）。事实上，业务负责人寻求帮助的触发点是当月的业务指标下不去，在确定业务指标的时候，运营主管认为指标太高，得到了产品主管和销售主管的附和。当我分享这个意象的时候，业务负责人恍然大悟。业务负责人又想起来更多的细节，验证了这个意向。这个团队干预的方向就明确了：帮助业务负责人回到自己的位置上，打破运营主管的隐性领导权。

共计邀请了20多位团队同学一起参与了一个8小时的团队研讨，通过感知组织内外部现状、人际对话、互相反馈、主管分享和一些人际连接活动。结束后，团队的状态大致如下：

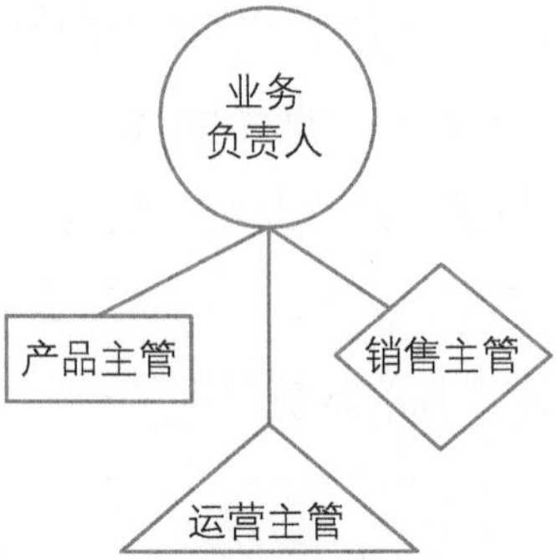

业务负责人回到了自己作为领导者的位置上（用实线表示），强化了和产品主管、销售主管的连接（用实线表示），切断了运营主管对销售主管和产品主管的影响，让其位置往后退了几步，也重建了业务负责人和运营主管的连接。结束后，业务负责人和所有参与者都感觉到了轻松和清晰。尽管运营主管当天晚上就提出了离职，但我和业务负责人假设这是在确认自己是否安全而非真的要离职，所以没有回复。第二天一早，运营主管发来长长的信息，反思了自己的行为并做出了改进承诺。一个月之后，团队氛围有了明显改善，彼此之间的协作增强了，此后的五个月，团队的每个月目标都能超额完成。

想通过这个案例告诉大家，当面对一个活生生的团队的时候，模型可能一点用处都没有，甚至会起到反作用。你能用的最好的工具是你自己，而不是模型。在与一个组织或者团队打交道的时候，你能看到、听到、感受到的任何外部信息都是线索，你自己的内部心理变化、身体感受的变化也都是线索。

把自己作为一个开放的信息传感器，相信自己的直觉，不断提升自己在个体和团队、组织行为方面的认知，不断提升自己的能量水平，也就越能打磨“自己”这个工具。

是为后记。

胡智丰

2020年5月

反侵权盗版声明